Stephanie Schuhmacher

Kostbare Erinnerungen

Ökumenische Wortgottesdienste mit Senioren

Schwabenverlag

VERLAGSGRUPPE PATMOS

PATMOS
ESCHBACH
GRÜNEWALD
THORBECKE
SCHWABEN
VER SACRUM

Die Verlagsgruppe
mit Sinn für das Leben

Die Verlagsgruppe Patmos ist sich ihrer Verantwortung gegenüber unserer Umwelt bewusst. Wir folgen dem Prinzip der Nachhaltigkeit und streben den Einklang von wirtschaftlicher Entwicklung, sozialer Sicherheit und Erhaltung unserer natürlichen Lebensgrundlagen an. Näheres zur Nachhaltigkeitsstrategie der Verlagsgruppe Patmos auf unserer Website www.verlagsgruppe-patmos.de/nachhaltig-gut-leben

Verlagsgruppe Patmos in der Schwabenverlag AG, Ostfildern
www.schwabenverlag-online.de

Umschlaggestaltung: Finken & Bumiller
Umschlagabbildung: Jeremy Bishop / unsplash.com
Lektorat: Hans-Peter Lembeck
Layout und Satz: Schwabenverlag AG, Ostfildern
Druck: CPI books GmbH, Leck
Hergestellt in Deutschland
ISBN 978-3-7966-1864-2

Stephanie Schuhmacher

Kostbare Erinnerungen

Inhalt

Vorwort
Die Erinnerung – ein kostbares Paradies 8
Wertschätzend die Lebenswelt der Menschen aufgreifen 9
Allgemeines zur Durchführung 11

Kostbare Erinnerungen
Erinnerung an Gottes Taten – Ps 77,5–10.14–16 15

Sehnsucht nach Gott
O Heiland, reiß die Himmel auf – Jes 63,15–17.19b 22

Gott kommt in meinen Stall
Bereitet dem Herrn den Weg – Lk 3,2b–6 29

Das hatte ich mir anders vorgestellt
Die Sterndeuter – Mt 2,1–5+9–12 36

Ich bin Gottes geliebtes Kind
Die Taufe Jesu – Mt 3,13–17 44

In Frieden sterben
Der greise Simeon – Lk 2,25–32 51

Tanzen vor Freude
Alles hat seine Zeit – Koh 3,1–4 59

Der Schatz in mir
Ein Schatz in irdenen Gefäßen – 2 Kor 4,7–10 66

Gott hat Geduld mit mir
Das Gleichnis vom Feigenbaum – Lk 13,6–9 72

Einander vergeben
Die Pflicht zur Vergebung – Mt 18,23–35 79

Heimkommen
Das Gleichnis vom verlorenen Sohn – Lk 15,11–24 87

Schlaflose Nächte
Wachen und beten – Mt 26,41 95

Das Leid annehmen
Ankündigung von Leid und Auferstehung – Mk 8,31–33 101

Gott kennt mich
Der gute Hirte – Joh 10,11–15 108

Gemeinsam mit Gott verbunden
Das »Vaterunser« – Mt 6,9–13 116

Ich muss abnehmen
Johannes der Täufer – Joh 3,28–31 123

Kraft in Wüstenzeiten
Manna in der Wüste – Ex 16,2–3+11–20 130

Gott nimmt mich an
Das Gleichnis vom Pharisäer und vom Zöllner – Lk 18,9–14 138

Gott trägt mich
Kraft wie ein Adler – Jes 40,28–31 144

Wurzeln, die mich tragen
Der Baum am Wasser – Jer 17,5–8 150

Gott hilft meinem Mangel ab
Die Seligpreisungen – Lk 6,20–21 157

Gott richtet auf
Die Heilung der gekrümmten Frau – Lk 13,10–13 163

Unter Gottes Schutz
Gott ist meine Burg – Psalm 91,1–11 169

Aufstehen
Elija in der Wüste – 1 Kön 19,1–8 176

Gott ist mein Trost
Der Gott allen Trostes – 2 Kor 1,3+4 183

Gott sieht und wertschätzt das Verborgene
Vom Almosengeben – Mt 6,1–4 189

Gott lässt wachsen (Erntedank)
Gleichnis von der selbstwachsenden Saat –
Mk 4,26–29 195

Herbstnebel
Erkennen wie in einem dunklen Spiegel –
1 Kor 13,9–13 201

Vorwort

Die Erinnerung – ein kostbares Paradies

Menschen in fortgeschrittenem Alter tragen einen reichen Schatz von Lebenserfahrungen und -erinnerungen in sich. Besonders die Erfahrungen, die sie in ihrem Leben mit Gott machen durften, können in diesem letzten Lebensabschnitt noch einmal zu einer Quelle des Trostes und der Stärkung werden. Diese *kostbaren Erinnerungen* möchte ich immer wieder hervorlocken und lebendig werden lassen, damit sie ihre Kraft entfalten können.

Die vorliegenden Gottesdienste entstanden im Rahmen meiner ehrenamtlichen Tätigkeit als Gottesdienstleiterin und Seelsorgerin in einem Altenheim.

Ich bin ausgebildete Religionslehrerin und war lange Zeit in der Katechese mit Kindern unserer Kirchengemeinde tätig. Nachdem unsere eigenen Kinder dem Kindergottesdienstalter entwachsen waren, begann ich vor einigen Jahren mit der Gestaltung von Wortgottesdiensten in einem Altenheim. An dieser Tätigkeit gewann ich schnell große Freude. Zusätzlich machte ich eine Ausbildung zur ehrenamtlichen Seelsorgerin, um die Senioren auch außerhalb der Gottesdienste in Gesprächen begleiten zu können. Der seelsorgliche Aspekt ist mir auch in den Gottesdiensten sehr wichtig. Mein Anliegen ist es, die biblischen Texte mit ihren Zusagen, ihrer Hoffnung und manchmal auch ihrer Herausforderung konkret in die Situation der alten Menschen hinein sprechen zu lassen. In den Rückmeldungen, die ich bekomme, wird immer wieder bemerkt, dass diese Gottesdienste etwas mit dem Leben der Senioren zu tun hätten und sie daraus etwas für sich und ihr Leben mitnehmen könnten.

Einmal kam nach dem Gottesdienst ein neuer Bewohner auf mich zu, um mir für den Gottesdienst zu danken. Was ich gesagt habe, könne er gut gebrauchen für das, was er nun vorhabe. »Was haben Sie denn jetzt vor?«, wollte ich wissen. – »Ich möchte hier alt werden«, war seine Antwort.
So hoffe ich, dass die vorliegenden Gottesdienste auch anderen Menschen bei diesem Vorhaben bzw. der Herausforderung, alt zu werden, eine spirituelle bzw. katechetische Hilfe sein mögen.

Wertschätzend die Lebenswelt der Menschen aufgreifen

1. Bisher habe ich vor allem mit Kindern gearbeitet. Dort geht man immer erst einmal von der *Lebenswelt* der Kinder aus. Grundlage war für mich somit zuerst einmal in verändertem Kontext die *Lebenswelt der alten Menschen*. Hilfreich waren und sind dabei für mich auch die seelsorglichen Besuche und Gespräche, bei denen ich mitbekomme, was die alten Menschen beschäftigt. Folgende drei Punkte finde ich hier vor allem beachtenswert:

- das Leben im Heim (u. a. Trennung von Familie und gewohnter Umgebung / Pflege durch und Angewiesensein auf Fremde),
- Abbau körperlicher und geistiger Fähigkeiten, Krankheit und Gebrechen, Zugehen auf den Tod,
- Ende eines meist langen Lebensweges, d.h. gespickt mit vielen Erlebnissen (Kriegserlebnisse!), Lebenserfahrung, Glaubenserfahrungen.

2. Die zweite wichtige Grundlage ist für mich die biblische Überlieferung. Die Bibel ist voll von gesammelter Lebens- und Glaubenserfahrung. In Gleichnissen, Erzählungen, Propheten- oder Psalmworten ist diese oft in wunderschönen und sprechenden

Bildern verpackt, die man sehr gut aufgreifen und weiterführen kann.
In meiner Auslegung der Bibeltexte für die alten Menschen, d.h. in den Ansprachen, sind mir drei Aspekte wichtig:

- *Wertschätzung* der Menschen mit ihrer je individuellen Vergangenheit und ihrem auch persönlichen gegenwartsbestimmten Hier und Heute;
- *Stärkung* (in ihrer Situation);
- *Ermutigung*, den Weg des Glaubens weiterzugehen, sich Gott anzuvertrauen.

3. Ebenfalls bei der Arbeit mit den Kindern habe ich gelernt, die Kernaussage des Gottesdienstes mit konkreten Dingen aus der Erfahrungs- und Erlebniswelt der Menschen oder mit Symbolen zu verbinden und zu veranschaulichen. Das geschieht in der Regel in der Einführung. Hier stelle ich die mitgebrachten Bilder oder Gegenstände aus der Alltagswelt vor und habe Gelegenheit, mit den Menschen über ihre Erfahrungen und Gedanken ins Gespräch zu kommen. Impulse dazu geben die Fragen, die in den Einführungen vermerkt und mit → gekennzeichnet sind. In größeren Gruppen sind Gespräche meiner Erfahrung nach eher schwierig. Die Fragen können die Menschen aber dennoch zu eigenen Gedanken anregen.

4. Die Gebete (Eingangs- und Fürbittgebet, Segen) stimme ich gerne auf die Kernaussage ab. Das Eingangsgebet bildet oft schon eine kleine Hinführung, während im Fürbittgebet das, was mir in der Ansprache wichtig war, noch einmal konkret in Bitte und Fürbitte vor Gott gebracht wird.

Auch der Psalm greift das Thema des Gottesdienstes auf. Diese Worte sind häufig bekannt und nehmen die Menschen mit hinein in die lange Tradition der Menschen, die mit ihrem Leben dankend, bittend und klagend vor Gott kommen.
Besonders wichtig ist mir der Segen am Schluss des Gottesdienstes als Zuspruch der Nähe und des Mitgehens Gottes. Und ich habe immer wieder den Eindruck, dass er auch den alten Menschen wichtig ist und ihnen sehr guttut.

5. Die Gottesdienste sind als ökumenische Wortgottesdienste konzipiert. Sie beginnen stets mit dem bekannten Votum »Wir feiern diesen Gottesdienst im Namen des Vaters und des Sohnes und des Heiligen Geistes« und dem Gruß »Der Herr sei mit euch«, wie die Menschen es gewohnt sind.
Neben der allgemeinen Begrüßung am Beginn des Gottesdienstes ist es schön, wenn die Ankommenden bzw. Anwesenden vorher einzeln und persönlich begrüßt und am Ende genauso verabschiedet werden. Auch diese Wahrnehmung des Einzelnen vermittelt Wertschätzung.

Allgemeines zur Durchführung

Die Gottesdienste, die ich feiere, sind so gestaltet, dass die Senioren darin Altes und Vertrautes aus ihrem bisherigen kirchlichen Leben wiedererkennen können. Das betrifft die Gestaltung des Raumes genauso wie die Wahl der Lieder und Texte sowie den Ablauf.
In dem großen Heim, in dem ich tätig bin, haben wir einen zentralen, schön gestalteten Gottesdienstraum. Hier erhalten die Bewohner schon durch den Raumwechsel den Eindruck, »in die Kirche« zu gehen.

Bleibt man im Gemeinschaftsraum des Wohnbereiches, schafft ein schön gestalteter Altar mit Kreuz, Kerzen und Blumen eine kirchliche Atmosphäre.

Vor allem bei kleineren Gruppen ist auch ein Stuhlkreis mit einer gestalteten Mitte aus den genannten Elementen möglich. Ein solches Setting erinnert nicht so stark an Kirche wie die Menschen sie gewohnt waren. Dafür ist man hier näher an den Menschen, kommt besser mit ihnen ins Gespräch und kann stärker und detaillierter mit den konkreten Materialien arbeiten.

Auf einem Altar in einem eigenen Gottesdienstraum, der meist weiter weg liegt und nicht so gut einsehbar ist, wird man die angegebenen Materialien möglicherweise auf große, auch von Weitem leicht erkennbare, reduzieren.

Für den Gesang haben wir im letzten Jahr ein gemeinsames ökumenisches Liederbuch in einem DIN-A5-Ordner mit abwischbaren Folien zusammengestellt. Darin finden sich gängige und altbekannte Lieder aus dem Gotteslob und dem Evangelischen Gesangbuch in Großdruck. So können auch Menschen mit eingeschränkter Sehfähigkeit die Liedtexte noch lesen. Die Liedauswahl ist bei uns also begrenzt. Natürlich kann jeder gerne andere, passende Lieder auswählen. Je bekannter und leichter zu singen sie sind, desto besser.

Die einführenden Worte, aber auch die Ansprachen, entspringen oft meiner eigenen Lebens- und Glaubenswelt. Lassen auch Sie immer wieder Ihre eigenen Gedanken und Ihre Persönlichkeit einfließen und ändern Sie die Texte gerne entsprechend ab. Denn ich denke, Gott begegnet uns nicht nur in Worten, sondern vor allem durch Menschen, die diese lebendig werden lassen.

Stephanie Schuhmacher

Kostbare Erinnerungen

Ökumenische Wortgottesdienste mit Senioren

Kostbare Erinnerungen

Erinnerung an Gottes Taten – Ps 77,5–10.14–16

Material:

- verschiedene Urlaubssouvenirs, am besten unterschiedlicher Art, z. B.: ein gekauftes Souvenir, ein Foto mit Reisegefährten, etwas »Handfestes« (z. B. eine Muschel o. Ä.) aus der Urlaubsgegend
- etwas Duftendes (z. B. duftende Pflanze, Sonnencreme, Gewürz o. Ä.)

Begrüßung und Votum

Lied: Lobet den Herren, Str. 1–3 (GL 81 / EG 447)

Gebet:

Herr, unser Gott,
wir freuen uns, dass wir heute gemeinsam Gottesdienst feiern können. Wir kommen so zu dir, wie wir jetzt sind, mit unserem ganzen Leben, mit unseren Erinnerungen und Erfahrungen, unseren Erkenntnissen und Fähigkeiten, mit unseren Wunden und Narben, unserer Vorsicht und Empfindlichkeit, mit unserer Gelassenheit und Weisheit. Wir danken dir für alles Schöne, das wir erleben durften und dafür, dass du uns die Kraft gegeben hast, auch schwierige Zeiten zu bestehen. Bleibe du uns weiterhin nahe, du unsere Burg und unser Fels, unser liebender Vater. Amen.

Einführung:

Während der Einführung werden die mitgebrachten Urlaubssouvenirs vorgestellt und auf ein Tuch gelegt.

Aus dem Urlaub bringt man gerne Souvenirs mit. Sie sollen uns später, wenn wir wieder zu Hause sind, an die schöne Zeit erinnern. Es sind Erinnerungen an Zeiten, Orte und Menschen, die uns wichtig geworden sind. Da gibt es *Fotos*, auf denen die Menschen zu sehen sind, mit denen wir unterwegs waren. Es gibt *Dinge*, die uns an bestimmte Orte oder Ereignisse erinnern. Wenn man sie in die Hand nimmt, wird der Moment wieder ganz lebendig. *Düfte* haben oft einen besonders starken Erinnerungscharakter.

→ Welche Erinnerungsstücke haben Sie in Ihren Zimmern?

Unsere Erinnerungen sind wie Schätze des Lebens. Es ist ein Geschenk, schöne Erinnerungen zu haben. Und wie Jean Paul sagte: »Die Erinnerung ist das einzige Paradies, aus dem man nicht vertrieben werden kann.«

Lesung:

Die Taten der Huld des Herrn will ich preisen,
die Ruhmestaten des Herrn,
gemäß allem, was der Herr uns erwiesen hat,
seine große Güte, die er dem Haus Israel
nach seiner Barmherzigkeit und seiner großen Huld erwiesen hat.
Jes 63,7

Lied: Nun danket alle Gott, Str. 1–2 (GL 405 / EG 321)

Schriftwort und Ansprache:

Liebe Seniorinnen und Senioren,

Erinnerungen sind ein Schatz des Lebens. Manchmal sind Erinnerungen mit Wehmut verbunden. Wehmut, weil die schönen Zeiten, an die man sich erinnert, vorbei sind. Bei schweren Zeiten ist man andererseits ganz froh, dass man sie hinter sich gelassen hat, dass man sie bestanden oder durchgestanden hat. Für beides darf man dankbar sein. Und mehr noch: Ein dankbarer Rückblick kann auch hilfreich sein für unser Leben im Hier und Heute.

Ein Beispiel dafür finden wir in Psalm 77. Ich habe den Eindruck, derjenige, der diesen Psalm geschrieben hat, war auch schon ein älterer Mensch. Und ich könnte mir vorstellen, dass Ihnen manches, was er schreibt, bekannt vorkommen wird:

Offen gehalten hast du die Lider meiner Augen;
ich war aufgewühlt und konnte nicht reden.
Ich sann nach über die Tage der Vorzeit,
über längst vergangene Jahre.
Ich denke an mein Saitenspiel,
während der Nacht sinne ich nach in meinem Herzen,
es grübelt mein Geist.
Wird der Herr denn auf ewig verstoßen
und niemals mehr erweisen seine Gunst?
Hat seine Huld für immer ein Ende?
Hat aufgehört sein Wort für alle Geschlechter?
Hat Gott vergessen, dass er gnädig ist?
Oder hat er im Zorn sein Erbarmen verschlossen?
Ps 77,5–10

Der Beter dieses Psalms liegt nachts wach, weil er nicht schlafen kann. Er ist aufgewühlt. Viele Gedanken gehen ihm durch den Kopf und rauben ihm den Schlaf. Er denkt daran, wie es früher war – besser vielleicht. Doch jetzt ist alles anders. Es geht ihm schlecht und er fühlt sich allein und von Gott im Stich gelassen. Hat Gott ihn vergessen, oder ist er am Ende zornig auf ihn? Ist Gott doch nicht so gütig und barmherzig, wie er immer dachte? Solche Gedanken quälen ihn und lassen ihn nicht mehr schlafen. Ich kenne solche Nächte und Sie wahrscheinlich genauso. Gerade nachts können die trüben und angstvollen Gedanken sehr mächtig sein; und auf einmal ist es nicht nur draußen dunkel, sondern auch in uns drin wird auf einmal alles schwarz, traurig und hoffnungslos. Wir fühlen uns allein gelassen mit unseren Problemen und unserer Angst, auch von Gott.

Doch der Psalmbeter hat eine gute Idee, wie er aus diesem Loch wieder herauskommt:

Ich denke an die Taten des Herrn,
ja, ich will denken an deine früheren Wunder.
Ich erwäge all deine Taten
und will nachsinnen über dein Tun.
Gott, dein Weg ist heilig.
Welche Gottheit ist groß wie Gott?
Du bist die Gottheit, die Wunder tut,
du hast deine Macht unter den Völkern kundgetan.
Du hast mit starkem Arm dein Volk erlöst,
die Kinder Jakobs und Josefs.
Ps 77,14–16

In der dunklen Nacht holt er die Erinnerungen an Gottes machtvolle und hilfreiche Taten in seinem Leben hervor. Wie die Urlaubssouvenirs nimmt er sie in die Hand, schaut sie an und lässt die Erlebnisse, die er mit Gott in seinem Leben haben durfte, nochmal lebendig werden. Vielleicht denkt er an ein Ereignis, als Gott ihn in einem Moment der Gefahr gerettet und bewahrt hat. Vielleicht sieht er im Rückblick auf sein Leben nochmal ganz klar, wie gut Gott ihn bisher geführt hat. Vielleicht erinnert er sich daran, wie Gott ihn durch eine schwere Zeit hindurch begleitet und getragen hat und wie er danach seinen Weg gestärkt weitergehen konnte. Auch von anderen Menschen und aus der Bibel fallen ihm Geschichten ein, in denen sich Gott als der treue Begleiter, als der mächtige Retter erwiesen hat. Das hilft ihm, seine jetzige Situation unter einem neuen Blickwinkel zu betrachten.

Und er kommt zu dem Schluss: »Gott, dein Weg ist heilig. Welche Gottheit ist groß wie Gott? Du bist die Gottheit, die Wunder tut!« Er erkennt in seinem Lebensrückblick, dass Gott immer treu und barmherzig war. Also hat er ihn bestimmt auch jetzt nicht vergessen. Aber es wird ihm auch bewusst, dass Gott groß und gewaltig ist, sodass er seine Wege nicht immer verstehen kann.

Die Erinnerungen an die früheren Erlebnisse haben ihm geholfen, Gott wieder neu zu vertrauen, auch wenn es ihm jetzt schlecht geht und er nicht weiß, wie es weitergehen wird. Er hat sich daran erinnert, dass Gott immer da war und für ihn gesorgt hat, und so ist er sich sicher, dass Gott das auch weiterhin tun wird. Ja, er traut Gott sogar zu, Wunder zu tun um das, was ihm jetzt zu schaffen macht, zum *Guten* zu wenden.

↗

Liebe Seniorinnen und Senioren, ich finde diese Idee des Psalmbeters richtig gut! Und ich denke, sie kann auch uns helfen. Wenn uns mal wieder die Zweifel überkommen, dann dürfen wir den Schatz unserer Lebenserinnerungen hervorholen und darin nach den guten Taten Gottes suchen. Nach Rettung und Bewahrung, nach Hilfe und Begleitung, nach Güte und Wegweisung. Und dann können wir daraus neues Vertrauen schöpfen, dass Gottes Barmherzigkeit, Treue und Liebe zu uns unwandelbar sind. Auch wenn wir seine Wege nicht immer verstehen. Denn Gott ist groß und heilig und seine Wege sind nicht unsere Wege und seine Gedanken sind höher als unsere Gedanken. In Jesus Christus hat Gott gezeigt, dass er auch in schweren Zeiten treu ist, dass er zum Guten wenden und retten möchte und kann, selbst durch den Tod hindurch. Amen.

Fürbitten:

Gott, unser Vater,
du hast uns unser Leben lang begleitet. In guten und schlechten Tagen warst du an unserer Seite, auch wenn wir deine Nähe nicht immer spüren konnten. Wir bitten dich:

- Bleib uns auch jetzt nahe, wenn unsere Kräfte nachlassen. Stärke uns durch die Erinnerung an deine Liebe und Treue.
- Segne unsere Familien und Freunde, alle, die uns auf unserem Lebensweg begleitet haben.
- Sei nahe allen, die gerade schwere Zeiten erleben.
- Die Sterbenden geleite mit freundlicher Hand heim zu dir in deine Ewigkeit.

Darum bitten wir durch Jesus Christus, unseren Bruder und Herrn. Amen.

Vaterunser

Lied: Befiehl du deine Wege, Str. 1–3 (GL 418 / EG 361)

Segen:
Gott segne deine Erinnerungen
an die gute alte Zeit,
an ihren Reichtum und ihre Armut.

Gott segne deine Erinnerungen
an die schönen und an die schweren Stunden,
an das Glück und den Schmerz.

Gott segne deine Erinnerungen
und lasse dich Kraft schöpfen aus ihnen für deine Tage heute,
für die Nächte voll Schatten und die Stunden der Not.

Er mache dich gewiss seiner Treue.

So segne euch der dreieinige Gott,
der Vater und der Sohn und der Heilige Geist. Amen.

Sehnsucht nach Gott

O Heiland, reiß die Himmel auf – Jes 63,15–17.19b

Material:

- Adventskalender mit Türchen
- Weihnachtskrippe

In der Mitte ist bereits ein als Himmel gestaltetes, großes »Adventstürchen« aufgebaut (oder ein blauer Vorhang), dahinter verborgen eine Weihnachtskrippe, die zu Beginn des Gottesdienstes noch nicht sichtbar ist.

Begrüßung und Votum

Lied: Macht hoch die Tür, Str. 1–2 (GL 218 / EG 1)

Gebet:

Herr, unser Gott,
die Tage werden kürzer und der Winter hält Einzug mit seiner Kälte und Dunkelheit. Da sitzen wir gerne im warmen Zimmer und genießen das helle Licht der Lampen. Manchmal ist es auch in unserem Leben dunkel. Die Kerzen, die wir jetzt am Adventskranz anzünden, erinnern uns daran, dass du uns in dem Dunkel und der Kälte dieser Welt nicht alleine lässt. Sie versprechen uns, dass du kommst, um Licht und Wärme in unser Leben zu bringen. Ja, komm, Herr Jesus! Lass uns nicht allein! In diesem Gottesdienst komm uns nah in deinem Wort. Erfülle unser Herz mit Freude, wenn wir gemeinsam singen. Und neige dein Ohr, wenn

wir zu dir beten. Du, unsere Sehnsucht und unsere Hoffnung. Amen.

Einführung:

Der Advent ist eine Zeit der Erwartung. Die Zeit des Wartens auf Weihnachten.

→ Wie geht und ging es Ihnen mit Wartezeiten?

Gerade den Kindern fällt das Warten oft schwer. Aus diesem Grund gibt es Adventskalender, um ihnen die Wartezeit auf das Weihnachtsfest zu verkürzen und sie überschaubar zu machen.

Der Adventskalender wird gezeigt.

Hinter jedem der vierundzwanzig Türchen verbirgt sich eine Kleinigkeit, meist ein Bildchen oder etwas Süßes. Aber das Entscheidende bzw. das Ziel ist immer das letzte Türchen, das stets das größte ist. Meistens verbirgt sich dahinter ein Weihnachtsbild: Die Krippe mit der Heiligen Familie. Denn das Ziel unseres adventlichen Wartens ist Weihnachten, die Geburt Jesu.

Auch damals, vor 2000 Jahren, warteten die Menschen in Israel auf den von Gott gesandten Messias, der sie befreien und erlösen sollte. Doch die Sehnsucht nach einem Erlöser ist noch deutlich älter: Schon viel früher, besonders in Zeiten der Unterdrückung, erhofften sich die Israeliten Hilfe und Befreiung von ihrem Gott. Genauso kennen auch wir, wenn es uns schlecht geht, die Sehnsucht nach Gott und seinem helfenden Eingreifen in unserem Leben.

Psalm:

Gott, mein Gott bist du, dich suche ich,
es dürstet nach dir meine Seele.
Nach dir schmachtet mein Fleisch
wie dürres, lechzendes Land ohne Wasser.
Darum halte ich Ausschau nach dir im Heiligtum,
zu sehen deine Macht und Herrlichkeit.
Denn deine Huld ist besser als das Leben.
Meine Lippen werden dich rühmen.
Ps 63,2–4

Lied: Komm, du Heiland aller Welt, Str. 1–3 (GL 227)
oder Wie soll ich dich empfangen, Str. 1–3 (EG 11 / GL 726)

Schriftwort und Ansprache:

Liebe Seniorinnen und Senioren,
unser Gott ist ein verborgener Gott. Wir können ihn nicht sehen. Bisweilen erscheint er uns deswegen dunkel, geheimnisvoll, rätselhaft und unverständlich. Dabei würden wir ihn manchmal so gerne sehen. Gerade in Zeiten, in denen wir an und in dieser Welt leiden und so viele Fragen haben. Dann würden wir gerne wissen, was das hier alles für einen Sinn hat. Und die Frage nach dem Sinn ist eng mit der nach Gott verbunden. Denn letztendlich steht er doch hinter allem.
Deswegen haben Menschen zu allen Zeiten, gerade in Zeiten von Leid und Unterdrückung, nach Gott gefragt. Wir haben das im Psalm gehört, und auch die folgende Lesung aus dem Buch Jesaja ist so eine verzweifelte Frage, ein Ruf nach Gott:

Blick vom Himmel herab und sieh her
von deiner heiligen, prachtvollen Wohnung!
Wo ist dein leidenschaftlicher Eifer und deine Macht?
Dein großes Mitgefühl und dein Erbarmen – sie bleiben mir versagt!
Du bist doch unser Vater!
Abraham weiß nichts von uns, Israel kennt uns nicht.
Du, Herr, bist unser Vater,
Unser Erlöser von jeher ist dein Name.
Warum lässt du uns, Herr, von deinen Wegen abirren
und machst unser Herz hart, sodass wir dich nicht fürchten?
Kehre zurück um deiner Knechte willen,
um der Stämme willen, die dein Erbbesitz sind! (...)
Hättest du doch den Himmel zerrissen
und wärest herabgestiegen,
sodass die Berge vor dir erzitterten.
Jes 63,15–17.19b

Diese Lesung bewegt mich sehr, denn ich erkenne darin meine eigenen Hilferufe und Fragen in schwerer Zeit wieder. Ich denke, auch Sie kennen aus Ihrem Leben solche Momente. Momente, in denen Sie gefragt oder gedacht haben: »Wo bist du, Gott? Wo sind deine Macht und Liebe? Ich merke nichts davon!«
Manche Menschen wenden sich in so einer Situation von Gott ab. Dann werden sie orientierungslos und hartherzig. Das beschreibt diese Lesung sehr gut.
Doch der Abschnitt aus Jesaja zeigt uns auch noch eine andere Möglichkeit, wie wir damit umgehen können, wenn wir uns von Gott verlassen fühlen. Der Beter – in diesem Fall das Volk Israel

in der Verbannung – wendet sich mit seiner Verzweiflung und seinen Fragen trotz allem an diesen verborgenen und unverständlichen Gott selbst. Eindringlich trägt er seinen Wunsch vor, Gott möge sich zeigen: »Hättest du doch den Himmel zerrissen und wärest herabgestiegen, sodass die Berge vor dir erzitterten!« Und das macht diesen Wunsch adventlich. Denn in der Adventszeit, der Zeit der Vorbereitung auf Weihnachten, hat unsere Sehnsucht nach Gott ihren Platz. Unser Verlangen, ihn zu sehen, zu erkennen und ihn besser zu verstehen. Es ist diese große, unstillbare Sehnsucht, die uns direkt zum Weihnachtsfest führt. Denn an Weihnachten dürfen wir feiern, dass dieser, unser Wunsch, erfüllt wurde: Gott hat den Himmel aufgerissen und ist herabgekommen.

Das große Advents-Türchen (bzw. der Vorhang) in der Mitte wird geöffnet, sodass die Krippe sichtbar wird.

Er ist Mensch geworden und hat sich uns gezeigt. Als das Kind in der Krippe, das unsere Armut und Hilflosigkeit teilt. Und dann auch als der Verkünder der frohen Botschaft, der uns von Gottes Liebe erzählt. Als der Barmherzige, der sich den Verlorenen und Ausgestoßenen zuwendet. Als der Heilende, der die Kranken gesund macht und die Besessenen befreit. Als der Liebende, der für uns in den Tod geht. Und als der Mächtige, der den Tod schließlich überwindet und besiegt. Und so können wir in dem Kind in der Krippe Gott erkennen. An ihm können wir erkennen, dass der innerste Kern von Gottes Wesen die Liebe ist.

In dem Adventslied »O Heiland, reiß die Himmel auf« hat der Jesuit und Kirchenliederdichter Friedrich Spee dieses Bild aus dem

Buch Jesaja aufgegriffen. In diesem Wort erkennt er auch unsere adventliche Sehnsucht nach dem Retter wieder. Unser Warten auf Jesus Christus, den Heiland, der uns den Himmel geöffnet und den Weg zum Vater frei gemacht hat. Er ist der Trost in unserem Kummer und unseren Nöten, unser Licht in der Dunkelheit. Er ist unser Erlöser, der uns schließlich aus allem Elend heimführt zu Gott, unserem Vater.

Er ist damals am ersten Weihnachtsfest geboren und ihn dürfen wir immer wieder neu ersehnen in unserem Leben, ganz besonders in der Adventszeit. Und wir dürfen ihn bitten, dass er uns auch heute den Himmel öffnet und uns Gott, den Vater, zeigt. An ihn dürfen wir uns wenden mit all unseren Fragen und unserem Unverständnis, mit unserer Hoffnung und unserer Sehnsucht.

»Wo bleibst du, Trost der ganzen Welt, darauf sie all ihr Hoffnung stellt? O komm, ach komm vom höchsten Saal, komm tröst uns hier im Jammertal!« Amen.

Fürbitten:

Herr, unser Gott,
wir sehnen uns danach, dich zu erkennen. Wir sehnen uns nach Licht und Wärme, nach Heil und Erlösung. Deshalb bitten wir dich für diese Adventszeit:

- Sieh auf all unsere Dunkelheiten, auf das, was uns bedrückt und traurig macht und zeige uns den Weg zu deinem Licht.
- Erhelle auch die Wege unserer Lieben und all derer, die in der Dunkelheit von Krankheit, Tod und Verzweiflung sitzen.
- Sieh auf die Kälte in dieser Welt, wo Menschen einsam sind und unter Gleichgültigkeit, Hass und Gewalt leiden. Sende ihnen Menschen, die sie die Wärme deiner Liebe spüren lassen.
- Antworte du auf unsere Sehnsucht, zerreiß den Himmel und komm zu uns!

Sonn, geh auf, ohne deinen Schein in Finsternis wir alle sein! Amen.

Vaterunser

Lied: O Heiland, reiß die Himmel auf, Str. 1–3 (GL 231 / EG 7)

Segen:

Gott segne euer Sehnen nach seiner Nähe.
Er segne euer Warten auf seine Ankunft.
Er stärke euch in der Geduld und im Vertrauen.
Er zeige euch seine Liebe in Jesus Christus.

So segne und begleite euch durch diese Adventszeit
der Vater und der Sohn und der Heilige Geist. Amen.

Gott kommt in meinen Stall

Bereitet dem Herrn den Weg – Lk 3,2b–6

Material:

- festliche Tischdecke
- ein passender Teller
- silbernes Besteck
- edles Weinglas
- eine Krippe mit Stroh

Begrüßung und Votum

Lied: Wie soll ich dich empfangen, Str. 1–2 (EG 11 / GL 726)

Gebet:

Herr Jesus Christus,
Weihnachten rückt immer näher. Wir freuen uns auf das Fest deiner Geburt. Wir freuen uns, dass du auch dieses Jahr wieder zu uns kommen möchtest. Gerne möchten wir dich so empfangen, wie es dir zusteht. Doch oft wissen wir nicht so recht, wie. Wir wollen uns freuen und sind doch oft traurig. Wir möchten dir entgegengehen und werden zurückgehalten von Angst und Schuld. Wir würden gerne etwas für dich tun, aber wir fühlen uns müde und schwach. Doch weil wir wissen, dass du uns liebst, wollen wir nun vor dich kommen so wie wir sind. Mit unserem Kummer, unseren Ängsten und unserer Schwachheit. Und wir bitten dich um dein Erbarmen. Amen.

Psalm

Ihr Tore, hebt eure Häupter,
hebt euch, ihr uralten Pforten,
denn es kommt der König der Herrlichkeit!
Wer ist dieser König der Herrlichkeit?
Der Herr, stark und gewaltig,
der Herr, im Kampf gewaltig.
Ihr Tore, hebt eure Häupter,
hebt euch, ihr uralten Pforten,
denn es kommt der König der Herrlichkeit!
Wer ist er, dieser König der Herrlichkeit?
Der Herr der Heerscharen:
Er ist der König der Herrlichkeit.
Ps 24,7–10

Einführung:

Nach dem Psalmwort, das wir eben gehört haben, entstand das bekannte Adventslied »Macht hoch die Tür«. Als Christen sind wir überzeugt, dass Jesus dieser König der Herrlichkeit ist, der da kommt. Im Advent bereiten wir uns auf seine Ankunft vor. Für diese Vorbereitung gab und gibt es immer eine Menge zu tun.

→ Was gab es früher in der Adventszeit zu tun, um alles für das Weihnachtsfest herzurichten?

Die Adventszeit war und ist also eine sehr geschäftige Zeit. Aber andererseits sollen wir uns auch innerlich auf das Weihnachtsfest vorbereiten. Manchmal haben wir den Eindruck, dass diese beiden Arten der Vorbereitung im Widerspruch zueinander stehen.

Lied: Macht hoch die Tür, Str. 1+4 (GL 218 / EG 1)

Schriftwort und Ansprache:

Da erging in der Wüste das Wort Gottes an Johannes,
den Sohn des Zacharias.
Und er zog in die Gegend am Jordan
und verkündete dort überall die Taufe der Umkehr
zur Vergebung der Sünden,
wie im Buch der Reden des Propheten Jesaja geschrieben steht:
Stimme eines Rufers in der Wüste: Bereitet den Weg des Herrn!
Macht gerade seine Straßen!
Jede Schlucht soll aufgefüllt und jeder Berg und Hügel
abgetragen werden.
Was krumm ist, soll gerade, was uneben ist, soll zum
ebenen Weg werden.
Und alle Menschen werden das Heil Gottes schauen.
Lk 3,2b–6

Liebe Seniorinnen und Senioren,
wenn wir einen wichtigen und geschätzten Gast erwarten, geben wir uns Mühe, alles schön herzurichten. Das Zimmer, in dem der Gast empfangen werden soll, wird aufgeräumt und geputzt. Der Tisch wird schön gedeckt mit dem guten Geschirr und den teuren Gläsern. Außerdem wird ein besonders gutes Essen zubereitet, das auch mal mehr Arbeit machen darf. Es zeigt die Wertschätzung dem Gast gegenüber, wenn man sich Mühe gibt und alles besonders schön herrichtet.

Die Tischdecke wird in die Mitte gelegt und mit Glas, Teller und Besteck schön gedeckt.

In der Adventszeit hören wir von Johannes, dem Täufer. Er forderte die Menschen dazu auf, Gott die Wege zu bereiten und alles Störende zu entfernen. Genau das tun wir in der Adventszeit. Wir richten alles für das Weihnachtsfest, für die Geburt Jesu, schön her. Wir putzen, kochen, schmücken und backen. Wir besorgen Geschenke und verschicken liebe Briefe und Päckchen. Und damit bringen wir zum Ausdruck, wie wichtig Jesus uns ist. Wir wollen ihn an Weihnachten gebührend empfangen.

Ich denke, wenn Gott die Ankunft Jesu damals in die Hände der Menschen gelegt hätte, dann wäre dieser bestimmt in einem schön hergerichteten und wertvoll ausgestatten Raum zur Welt gekommen. In einem Raum, der der ungeheuren Bedeutung und Würde des Gastes angemessen gewesen wäre.

Maria aber hat damals Gott die Regie überlassen. Und so wurde Jesus in einem einfachen Stall geboren.

Die mit Stroh gefüllte Krippe wird neben das festliche Gedeck gestellt.

Wenn wir diese Geschichte nicht seit Kindertagen kennen und jedes Jahr neu hören würden, würde uns das wohl sehr überraschen. Und mich macht es ein bisschen nachdenklich.

In Jesus kommt Gott zu uns, in unsere Welt, in unser Leben, in unser Herz. Und so wie es aussieht, ist es ihm gar nicht wichtig, in einen schön hergerichteten Empfangssaal geführt zu werden. In einen Saal, aus dem alles Störende, alles Hässliche und alles Anstößige entfernt wurde, obwohl es eigentlich zu unserem Leben gehört. Jesus will offenbar nicht nur dorthin kommen, wo alles schön aufgeräumt und vorzeigbar ist. Dorthin, wo wir all das in Szene gesetzt haben, womit wir glänzen können. Er möchte nicht, dass wir ihm eine heile Welt vorspielen. Nein, Jesus will in unseren normalen Alltag kommen. Er will in unsere Lebenswirklichkeit hineinkommen, so wie sie ist.

Gott wird Mensch in einem Stall. Das ist eine ganz alltägliche und nicht gerade glanzvolle Umgebung. Umgangssprachlich könnte man sagen, Jesus kommt mitten hinein in unseren Saustall. Dorthin, wo es unordentlich ist und ein bisschen armselig. Dorthin, wo wir nicht glänzen können und wo es manchmal übel riecht, weil eine Menge Mist herumliegt. Und dort beginnt er mit seinem Wirken. Dort bringt er Licht ins Dunkel dieser Welt. Genau dort, wo wir einfach und ehrlich sind, beginnt er, unser Leben zu verändern und zu heilen.

Das kann er aber nur dann tun, wenn wir ihn dort auch hineinlassen. Wenn wir den Mut aufbringen, ihn in unseren inneren Stall hineinschauen zu lassen. Das kann bisweilen sehr schwerfallen. Denn oft schämen wir uns für das, was bei uns und in unserem Leben nicht so schön und gut ist. Und mitunter finden sich dort sogar Dinge, die wir am liebsten vor uns selber verstecken möchten.

Doch wir dürfen wissen, dass Jesus der Helfer ist, der all unsere Not zu einem Ende bringen will, wie wir in dem Lied »Macht hoch die Tür« gesungen haben. Er ist sanftmütig, heilig und barmherzig. Deswegen müssen wir uns nicht davor fürchten, ihm auch die unschönen Seiten von uns und unserem Leben zu zeigen. Sein Blick ist lauter Liebe. Und seine Liebe heilt und bringt Frieden in unsere Herzen.

Liebe Seniorinnen und Senioren, jetzt in der Adventszeit machen wir die großen Tore weit, damit der König der Herrlichkeit einziehe. Und vielleicht sollten wir auch das kleine Türchen zum

Stall unseres Herzens für unseren Heiland öffnen. Damit er zu uns kommen und uns heilen und verwandeln kann. Amen.

Fürbitten:

Herr Jesus Christus, du möchtest zu uns kommen, in unsere Welt, in unser Leben und unseren Alltag. Vor dir müssen wir auch die unschönen Seiten unseres Daseins nicht verstecken. Denn du kommst voller Liebe, um uns zu helfen und zu erlösen. So bringen wir dir alles, was uns beschäftigt: unsere Fragen, unsere Ängste, unseren Kummer und auch das, was in unserem Leben nicht gelungen ist und das, wo wir schuldig geworden sind.

Kurze Stille

Wir bringen dir auch alles, was in unserer Welt im Argen liegt: die Kriege und Hungersnöte, Krankheiten und Tod, Einsamkeit und Verzweiflung, Egoismus und Rücksichtslosigkeit.

Kurze Stille

Wir bitten dich, komm zu uns mit deinem Licht und deiner Liebe. Schenke uns neue Hoffnung durch das Kind im Stall und verwandle durch deine Güte die Herzen der Menschen. Amen.

Vaterunser

Lied: Kündet allen in der Not, Str. 1–3 (GL 221)
oder Nun jauchzet all ihr Frommen, Str. 1–3 (EG 9)

Segen:

Der Herr segne euch und behüte euch,
der Herr lasse sein Angesicht leuchten über euch
und sei euch gnädig.
Der Herr wende euch sein Angesicht zu
und schenke euch seinen Frieden. Amen.

Das hatte ich mir anders vorgestellt

Die Sterndeuter – Mt 2,1–5+9–12

Material:

- großer Stern
- Weihnachtskrippe

Begrüßung und Votum

Lied: Gott ist gegenwärtig, Str. 1–2 (GL 387 / EG 165)

Gebet:

Herr, unser Gott, wir wollen dir danken, dass du uns im vergangenen Jahr behütet und begleitet hast. Nun liegt ein neues Jahr vor uns und wir wissen nicht, was es bringen wird. In aller Ungewissheit stärke unser Vertrauen, dass du da bist und da sein wirst, was auch immer geschehen mag. Du bist treu. Und du hast versprochen, immer bei uns zu sein. Manchmal zweifeln wir daran, manchmal können wir dich nicht finden in unserem Leben. Aber wir haben Sehnsucht nach dir. Wir bitten dich, öffne jetzt unsere Ohren und Herzen, dass wir deine Spuren und deine Gegenwart hier in unserem Leben entdecken können. Amen.

Einführung:

Der Stern wird präsentiert und in die Mitte gelegt.

→ Wie geht es Ihnen, wenn Sie in den dunklen Nachthimmel hinauf zu den Sternen schauen?

Die Sterne mit ihrem fernen Leuchten haben die Menschen schon seit jeher fasziniert. Sie dienten ihnen zur Orientierung in Raum und Zeit. Manche glaubten und glauben heute noch, dass sie unser Schicksal bestimmen und man an ihnen die Zukunft ablesen kann. Daran glaube ich nicht. Aber ich denke, sie wecken eine Sehnsucht in uns nach mehr und nach Größerem. Manche sagen »Folge deinem Stern«, und meinen »Folge deiner Sehnsucht. Suche nach dem, was das Leben für dich bereithält«.
Wir hören heute die Geschichte von den Weisen aus dem Morgenland. Auch sie sind einem Stern gefolgt, der ihnen einen neuen, besonderen König verhieß. Wahrscheinlich waren sie dabei voller Sehnsucht und Hoffnung.

→ Wie ist es Ihnen persönlich ergangen mit Hoffnungen und Versprechungen, denen Sie in Ihrem Leben gefolgt sind?

Lesung:
Steh auf, werde licht, denn es kommt dein Licht
und die Herrlichkeit des Herrn geht strahlend auf über dir.
Denn siehe, Finsternis bedeckt die Erde und Dunkel die Völker,
doch über dir geht strahlend der Herr auf,
seine Herrlichkeit erscheint über dir.
Nationen wandern zu deinem Licht
und Könige zu deinem strahlenden Glanz.
Jes 60,1–3

Lied: Tochter Zion, Str. 1 (GL 228 / EG 13)

***Schriftwort und Ansprache*:**

Als Jesus zur Zeit des Königs Herodes in Betlehem in Judäa
geboren worden war,
siehe, da kamen Sterndeuter aus dem Osten nach Jerusalem
und fragten: Wo ist der neugeborene König der Juden?
Wir haben seinen Stern aufgehen sehen und sind gekommen,
um ihm zu huldigen.
Als König Herodes das hörte, erschrak er und mit ihm
ganz Jerusalem.
Er ließ alle Hohepriester und Schriftgelehrten des Volkes
zusammenkommen
und erkundigte sich bei ihnen, wo der Christus geboren
werden solle.
Sie antworteten ihm: in Betlehem in Judäa;
denn so steht es geschrieben bei dem Propheten:
Du, Betlehem im Gebiet von Juda,
bist keineswegs die unbedeutendste unter den führenden
Städten von Juda;
denn aus dir wird ein Fürst hervorgehen, der Hirt meines
Volkes Israel.
Danach rief Herodes die Sterndeuter heimlich zu sich
und ließ sich von ihnen genau sagen, wann der Stern
erschienen war.
Dann schickte er sie nach Betlehem und sagte:
Geht und forscht sorgfältig nach dem Kind;
und wenn ihr es gefunden habt, berichtet mir, damit
auch ich hingehe und ihm huldige!
Nach diesen Worten des Königs machten sie sich auf den Weg.
Und siehe, der Stern, den sie hatten aufgehen sehen,

zog vor ihnen her bis zu dem Ort, wo das Kind war;
dort blieb er stehen.
Als sie den Stern sahen, wurden sie von sehr großer Freude
erfüllt.
Sie gingen in das Haus und sahen das Kind und Maria,
seine Mutter;
da fielen sie nieder und huldigten ihm.
Dann holten sie ihre Schätze hervor
und brachten ihm Gold, Weihrauch und Myrrhe als Gaben dar.
Mt 2,1–11

Liebe Seniorinnen und Senioren,
»Das hatte ich mir aber anders vorgestellt.«
Ich kann mir gut denken, dass die drei Sterndeuter so oder ähnlich gedacht haben, als sie das Jesuskind endlich gefunden hatten. In ihrer Heimat hatten sie einen neuen Stern entdeckt. Dieser verhieß ihnen die Geburt eines neuen Königs. Also hatten sie sich auf einen langen und beschwerlichen Weg gemacht. Doch im Königspalast von Jerusalem, wo sie den König vermutet hatten, gab es kein Neugeborenes. Man schickte sie weiter in einen kleinen Ort irgendwo außerhalb.

Die Weihnachtskrippe wird zu dem Stern gestellt.

Und da stehen sie nun vor einer ärmlichen Behausung, drinnen eine einfache Frau aus dem Volk mit ihrem Kind. Und das soll das Kind sein, das so bedeutend ist, dass seinetwegen ein neuer Stern aufgegangen ist?

↗

»Das hatte ich mir aber anders vorgestellt.« So haben bestimmt auch Sie in Ihrem Leben immer mal wieder gedacht. Auch wenn es um Ihren Glauben oder um Gott ging.

Ich denke, uns allen geht es so, dass wir uns immer wieder eine bestimmte Vorstellung von Gott machen und darüber, wie er handeln und sich in unserem Leben bemerkbar machen sollte. Irgendwann müssen wir dann möglicherweise feststellen, dass unsere Vorstellung so nicht stimmt. Gott ist immer anders als wir denken und meinen. Er ist größer und für unseren Verstand nicht zu begreifen. Wenn ich die Evangelien lese, merke ich: Jesus denkt, redet und handelt meistens ganz anders, als ich das erwarten würde. Immer wieder stellt er mein Denken und meine Welt auf den Kopf.

So ging es wohl auch den Sterndeutern. Ein König – geboren in einem armen Stall? Das hatten sie gewiss nicht erwartet. Doch was jetzt kommt, beeindruckt mich: Die Weisen lassen sich davon nicht irritieren. Sie verlassen sich ganz auf den Stern, der sie geführt hat. Sie sind trotz allem sicher, dass sie hier richtig sind. So knien sie nieder, beten dieses Kind an und geben ihm ihre wertvollen Geschenke.

Ich denke, wir können mindestens zwei Dinge von diesen Sterndeutern lernen.

Zum Einen: Sie vertrauen dem Stern und dem, was er ihnen sagt. So sollen auch wir Gott und seinen Verheißungen und Zusagen vertrauen. Und seine Verheißung ist, dass er ein erfülltes Leben für uns hat, dass er uns rettet aus Verlorenheit und der Trennung von ihm und dass er uns nahe ist. So dürfen wir darauf vertrauen, dass er das Gute für uns tut, auch wenn das manchmal anders aussieht als wir dachten oder uns gewünscht haben. Dietrich

Bonhoeffer sagte: »Gott erfüllt nicht alle unsere Wünsche, aber alle seine Verheißungen.« Auch meine Erfahrung ist: So wie Gott es macht, ist es in der Regel besser als so, wie ich es mir vorgestellt habe. Er macht es mir vielleicht nicht immer leicht, aber er macht es gut. Übrigens hat er es sich selbst mit der Krippe und später mit dem Kreuz auch nicht leicht gemacht.

Zum anderen: Die Sterndeuter haben offene Augen und Herzen. Sie lassen sich nicht von Äußerlichem täuschen, sondern erkennen trotz der äußeren Armut in diesem einfachen Kind in der Krippe den großen König.

Wenn wir an Gott denken und uns Hilfe und Veränderung von ihm wünschen, denken wir oft an Großes, Beeindruckendes und Weltbewegendes. Weihnachten zeigt uns aber, dass der große Gott sich im Kleinem, Alltäglichen und Unscheinbarem verbergen kann. Die große Veränderung beginnt oft ganz klein. Und wir brauchen offene Augen und Herzen, um Gott, seine Liebe, seinen Willen zur Wandlung und Besserung unseres Lebens im Alltag zu erkennen.

Eines ist sicher: Gott hält seine Versprechen. Ich möchte Sie ermutigen, darauf auch im neuen Jahr zu vertrauen. Lassen Sie sich, wie die Weisen aus dem Morgenland, nicht irritieren oder entmutigen, wenn das vielleicht ganz anders aussieht, als Sie gedacht hätten.

Gott ist treu. Amen.

Fürbitten:

Herr, unser Gott, du bist treu. Du hast uns zugesagt, deine Verheißungen an uns zu erfüllen. Darauf dürfen wir vertrauen. So bitten wir dich:

- Sei du uns und unseren Familien nahe, alle Tage dieses neuen Jahres.
- Hilf uns, dich, deine Liebe und Nähe immer besser in unserem Leben zu erkennen.
- Zeige dich denen, die dich suchen.
- Schütze die Hilflosen und Schutzsuchenden.
- Tröste die Einsamen und Traurigen.
- Die Verstorbenen führe heim zu dir in dein Licht.

Denn du bist unser Gott und Vater von Ewigkeit zu Ewigkeit. Amen.

Vaterunser

Lied: Von guten Mächten, Str. 1–2 (GL 775 / EG 65)

Segen:

Gott, der Herr, hat den Weisen aus dem Morgenland
den Weg gezeigt und sie nach Bethlehem begleitet.
Er begleite auch euch durch euren Alltag.

Gott, der Herr, hat den Weisen aus dem Morgenland
Geduld und Ausdauer mit auf ihren Weg gegeben.
Er lasse auch euch geduldig eure Wege gehen.

Gott, der Herr, hat den Weisen aus dem Morgenland
die Weisheit geschenkt, in dem Kind
die Erfüllung ihrer Sehnsucht zu erkennen,
Er öffne eure Augen und Herzen, dass ihr ihn
in den kleinen Dingen erkennen könnt.

Dazu segne euch der dreieinige Gott,
der Vater, der Sohn und der Heilige Geist. Amen.

Ich bin Gottes geliebtes Kind

Die Taufe Jesu – Mt 3,13–17

Material:

- Schale mit Wasser
- Taube
- Herz

Begrüßung und Votum

Lied: Zu Bethlehem geboren, Str. 1–3 (GL 239 / EG 32)

Gebet:

Herr, unser Gott,
ein neues Jahr hat begonnen. Du kennst unsere Wünsche, Hoffnungen und Sehnsüchte und auch unsere Befürchtungen und Ängste. Du weißt, dass wir uns manchmal einsam und mutlos fühlen und Angst haben vor der ungewissen Zukunft. Schenke uns am Anfang dieses neuen Jahres deinen Geist, dass er uns stärke und uns deiner Nähe gewiss mache. Dann müssen wir das Dunkel nicht fürchten und können mutig und vertrauensvoll vorangehen. Denn wir dürfen sicher sein, egal was dieses Jahr auch bringen mag: Du bleibst bei uns. Dafür danken wir dir. Amen.

Einführung:

Wir stehen am Beginn eines neuen Jahres. Es liegt vor uns mit seinen zwölf Monaten, mit vielen Möglichkeiten und vielen Ungewissheiten.

→ Vielleicht freuen Sie sich darauf, vielleicht haben Sie bestimmte Erwartungen und Hoffnungen?

→ Vielleicht sind Sie auch ein bisschen unsicher und ängstlich, weil Sie nicht wissen, was auf Sie zukommt?

Die Schale mit Wasser wird in die Mitte gestellt.

Am Anfang des neuen Jahres hören wir das Evangelium von der Taufe Jesu. Die Taufe stand auch am Anfang unseres Lebens. Das Wasser der Taufe reinigt und schenkt neues Leben. Die Erinnerung an unsere Taufe und die Erzählung von der Taufe Jesu können uns für das neue Jahr ermutigen.

Psalm:

Vertrau auf den Herrn und tue das Gute,
wohne im Land und hüte die Treue!
Habe deine Lust am Herrn!
So wird er dir geben, was dein Herz begehrt.
Befiehl dem Herrn deinen Weg,
vertrau ihm – er wird es fügen.
Ps 37,3–5

Lied: Befiehl du deine Wege, Str. 1+7–8 (GL 418 / EG 361)

Schriftwort und Ansprache:

Zu dieser Zeit kam Jesus von Galiläa an den Jordan zu Johannes,
um sich von ihm taufen zu lassen.
Johannes aber wollte es nicht zulassen und sagte zu ihm:
Ich müsste von dir getauft werden und du kommst zu mir?
Jesus antwortete ihm:
Lass es nur zu! Denn so können wir die Gerechtigkeit
ganz erfüllen.
Da gab Johannes nach.
Als Jesus getauft war, stieg er sogleich aus dem Wasser herauf.
Und siehe, da öffnete sich der Himmel
und er sah den Geist Gottes wie eine Taube auf sich
herabkommen.
Und siehe, eine Stimme aus dem Himmel sprach:
Dieser ist mein geliebter Sohn, an dem ich Wohlgefallen
gefunden habe.
Mt 3,13–17

Liebe Seniorinnen und Senioren,
im Evangelium hören wir heute von der Taufe Jesu. Jesus geht wie so viele andere Menschen seiner Zeit hinaus an den Jordan, wo Johannes predigt und tauft. Johannes möchte mit seiner Predigt die Menschen aufrütteln. Er möchte ihnen zeigen, was sie falsch machen, und sie zur Umkehr bewegen. Die Taufe des Johannes ist eine Taufe zur Reinigung von Sünden. Als Jesus zu ihm kommt, um sich wie alle anderen taufen zu lassen, geht es Johannes wie uns: Er sagt, dass Jesus eine Umkehr oder eine Reinigung von Sünden doch gar nicht nötig habe. Aber Jesus besteht darauf. Er möchte anscheinend keine Sonderrolle und er hat auch keine Berührungsängste. Er stellt

sich mitten hinein zwischen die Menschen, die mit ihren Fragen, ihrem Unvermögen und mit ihren Sünden zu Johannes kommen. Jesus ist uns hier ganz nahe, er teilt unser Menschsein mit uns. Er ist mitten unter uns in unserem Suchen und Fragen, in unserer Hoffnung und Sehnsucht. Unerkannt steht er zwischen den Menschen und geht ihren Weg mit.
Und dann hat er bei seiner Taufe ein ganz entscheidendes und prägendes Erlebnis:
»Und siehe, da öffnete sich der Himmel und er sah den Geist Gottes wie eine Taube auf sich herabkommen. Und siehe, eine Stimme aus dem Himmel sprach: Dieser ist mein geliebter Sohn, an dem ich Wohlgefallen gefunden habe.«

Die Taube wird zu der Wasserschale gelegt.

Das ist ein Erlebnis von einer überwältigenden Gottesnähe, die ihn ganz erfüllt. Und es ist eine Erfahrung von tiefstem Angenommen- und Geliebt-Sein. Jesus erfährt sich als geliebtes Kind Gottes. Ich denke, es ist dieses Erlebnis und diese Erfahrung, die ihn für den Rest seines Lebens entscheidend prägen. Als geliebter Sohn kann er zu Gott »Vater« sagen; eine liebevolle und vertrauensvolle Anrede für den großen, gewaltigen und bisweilen angsteinflößenden Gott. Doch Jesus hat ihn als den großen Liebenden erkannt. Von ihm wusste er sich dann ein Leben lang angenommen, getragen, umsorgt, begleitet und gestärkt. Diese enge, liebende Beziehung war wohl die Grundlage für seine Worte und Taten.
Auch wir sind getauft. Bei der Taufe wurden wir mit unserem Namen angesprochen und auch uns wurde zugesagt: »Du bist mein geliebtes Kind.« ↗

Das Herz wird zu der Wasserschale gelegt.

Du bist ein geliebtes Kind Gottes. Diese Zusage gilt uns bedingungslos vor aller Leistung und vor allem Wohlverhalten ein Leben lang. Bestimmt sind wir in unserem Leben manchmal schwach, egoistisch, voller Zweifel und machen Fehler. Aber das ändert nichts an Gottes Liebe zu uns! Die steht fest, trotz all unserem Unvermögen und Versagen und trotz unserer Schuld.
Wichtig ist nur, dass wir auf diese Liebe antworten und mit Gott in Beziehung treten. Wir dürfen und sollen diese Liebe annehmen und sie in Anspruch nehmen. Wir dürfen uns Gott, unserem Vater, mit kindlichem Vertrauen in die Hände legen. Zu ihm können wir immer wieder zurückkehren, was auch gewesen sein mag. Die einzige Möglichkeit, aus dieser zugesagten Liebe herauszufallen, ist, sie zurückzuweisen. Ansonsten kann uns nichts von der Liebe Gottes trennen, die uns in unserer Taufe zugesagt wurde. Sie ist und bleibt unser verlässlicher Grund – im Leben und im Sterben. So schreibt auch Paulus an die Gemeinde in Rom (Röm 8,38–39): »Denn ich bin gewiss: Weder Tod noch Leben, weder Engel noch Mächte, weder Gegenwärtiges noch Zukünftiges noch Gewalten, weder Höhe oder Tiefe noch irgendeine andere Kreatur können uns scheiden von der Liebe Gottes, die in Christus Jesus ist, unserem Herrn.«
Mit dieser Gewissheit können wir getrost und zuversichtlich in das neue Jahr gehen. Amen.

Fürbitten:

Herr, unser Gott und Vater, ein neues Jahr hat begonnen. Wir wissen nicht, was es bringen wird. Manchmal machen wir uns Sorgen oder wir sind unsicher und ängstlich. Wir bitten dich:

- Begleite und beschütze uns und unsere Familien in diesem Jahr. So wie du uns all die Jahre bis hierher begleitet hast.
- Stärke alle, die unter Gewalt und Kriegen leiden müssen und hilf zum Frieden.
- Ermutige die Ängstlichen und Verzweifelten. Dein Licht zeige ihnen Wege aus ihrer Dunkelheit.
- Sei nahe den Sterbenden und Trauernden.

Lieber Vater, ein neues Jahr hat begonnen. Was auch immer geschieht, wir vertrauen fest darauf, dass uns nichts von deiner großen Liebe trennen kann. Du hast sie uns zugesagt und du wirst bei uns sein und mit uns gehen alle Tage dieses neuen Jahres. Amen.

Vaterunser

Lied: Von guten Mächten, Str. 1–2+5 (GL 430 / EG 65)

Segensgebet:
Komm mir entgegen,
jeden Tag neu.
Gehe mir voraus und
bleib an meiner Seite,
du Gott meines Weges!

Komm, geh mit mir
durch weglose Wüsten,
im unwegsamen Gelände,
in die ungewisse Zukunft,
du Gott meiner Hoffnung!

Komm, sei mein Halt,
stärke mein Vertrauen,
gib mir festen Mut,
erhalte mich aufrecht,
du Gott der Treue![1]

So segne euch, eure Familien und alle, die ihr im Herzen tragt,
der barmherzige und treue Gott,
der Vater und der Sohn und der Heilige Geist. Amen.

---

1 Aus: Paul Weismantel, Segensgebete für das Jahr – für das Leben,
ISBN 978-3-96157-020-1, © Verlag Katholisches Bibelwerk GmbH, Stuttgart 2017, S. 14.

In Frieden sterben

Der greise Simeon – Lk 2,25–32

Material:

- Egli-Figuren: ein alter Mann, ein Baby

Begrüßung und Votum

Lied: Morgenglanz der Ewigkeit, Str. 1–3 (GL 84 / EG 450)

Gebet:

Herr unser Gott,
wir wollen dir danken für den neuen Tag, den du uns schenkst. Wir freuen uns über das neue Licht nach der dunklen Nacht. Auch wenn es in unserem Leben manchmal dunkel und traurig ist, schenkst du uns ein neues Licht der Hoffnung. Wenn wir am Ende sind und nicht weiterwissen, schenkst du uns einen neuen Anfang. In dem Kind, das an Weihnachten geboren wurde, kommst du uns mit deiner Liebe entgegen. In Jesus Christus erfüllst du deine Verheißung und schenkst uns Erlösung durch deine Liebe und Nähe. Wir bitten dich, dass wir das in dieser gemeinsamen Stunde aufs Neue sehen, hören und erfahren dürfen. Amen.

Einführung:

Die Egli-Figur des Babys wird den Teilnehmern präsentiert. Wenn möglich, kann sie auch an alle Teilnehmer durchgereicht werden, sodass jeder sie einmal in die Hand nehmen darf.

→ Wann hatten Sie das letzte Mal ein Baby auf dem Arm? Wie ging es Ihnen dabei?

Ein neugeborenes Baby halten zu dürfen, ist immer etwas ganz Besonderes. Wir kommen dabei in Kontakt mit der Schöpfermacht Gottes. Wir spüren geradezu seine Hände, die uns diesen neu geschaffenen Menschen in die Arme legen und ihn unserer Obhut anvertrauen. Jedes Kind ist die Verheißung, dass es weitergeht, dass es wieder neue Hoffnung, Chancen und Möglichkeiten gibt, dass Gott noch nicht fertig ist mit uns.

***Psalm*:**

Du selbst hast mein Innerstes geschaffen,
hast mich gewoben im Schoß meiner Mutter.
Ich danke dir, dass ich so staunenswert und wunderbar
gestaltet bin.
Ich weiß es genau: Wunderbar sind deine Werke.
Dir waren meine Glieder nicht verborgen,
als ich gemacht wurde im Verborgenen, gewirkt in den Tiefen
der Erde.
Als ich noch gestaltlos war, sahen mich bereits deine Augen.
In deinem Buch sind sie alle verzeichnet:
die Tage, die schon geformt waren, als noch keiner von ihnen
da war.
Ps 139,13–16

***Lied*:** Lobet den Herren, Str. 1–3 (GL 81 / EG 447)

***Schriftwort und Ansprache*:**

Die Egli-Figur des alten Mannes wird mit dem Baby auf dem Arm in die Mitte gestellt.

Liebe Seniorinnen und Senioren,
ein alter Mann mit einem Baby auf dem Arm. Ich finde, das ist ein bewegendes Bild. Da ist zum einen der alte Mensch – so wie Sie –, der das Leben kennt und schon so viel von der Welt gesehen hat. Er hat viele Erfahrungen gemacht und viel gelernt über das Leben und die Menschen. Viele Träume, Hoffnungen und Illusionen musste er aufgeben. Immer wieder hat ihn das Leben eines anderen, vielleicht eines Besseren, belehrt. Und dieser Mann hält ein kleines Kind in den Armen. So wie auch Sie kleine Kinder – eigene Babys, Neffen, Nichten, Enkel oder Urenkel – in den Armen halten durften. Dieses Neugeborene ist noch wie ein ganz unbeschriebenes Blatt, ein neuer Anfang. Ich denke, in jedem Kind, das geboren wird, sehen wir noch alle Möglichkeiten des Lebens, die Hoffnung auf Neues, Besseres, die Hoffnung auf Glück und ein gelingendes Leben. Und wenn ich dieses Bild sehe von dem alten Mann mit dem Baby auf dem Arm, dann meine ich, auch in seinen Augen Hoffnung und Freude zu sehen. Trotz aller Enttäuschungen, die er erlebt haben mag, glaubt er an den neuen Anfang, den er in seinen Armen hält.

Dieser alte Mann heißt Simeon. Er lebte vor zweitausend Jahren in Jerusalem. Ich lese Ihnen seine Geschichte aus dem Lukas-Evangelium vor:

Und siehe, in Jerusalem lebte ein Mann namens Simeon.
Dieser Mann war gerecht und fromm und wartete auf
den Trost Israels
und der Heilige Geist ruhte auf ihm.
Vom Heiligen Geist war ihm offenbart worden,
er werde den Tod nicht schauen,
ehe er den Christus des Herrn gesehen habe.
Er wurde vom Geist in den Tempel geführt;
und als die Eltern das Kind Jesus hereinbrachten,
um mit ihm zu tun, was nach dem Gesetz üblich war,
nahm Simeon das Kind in seine Arme und pries Gott
mit den Worten:
Nun lässt du, Herr, deinen Knecht, wie du gesagt hast,
in Frieden scheiden.
Denn meine Augen haben das Heil gesehen,
das du vor allen Völkern bereitet hast,
ein Licht, das die Heiden erleuchtet,
und Herrlichkeit für dein Volk Israel.
Lk 2,25–32

Über das Leben des alten Simeon wissen wir nichts. Es heißt von ihm nur, dass er gerecht und fromm war. Die große Sehnsucht in seinem Leben war, den Trost Israels, den Erlöser Gottes, zu sehen. Und es wurde ihm auch verheißen, dass er nicht sterben werde, bevor er den Heiland gesehen hat. Seine Sehnsucht erfüllt sich, als er vom Heiligen Geist in den Tempel geführt wird und dort Maria und Josef mit ihrem Baby begegnet. Sie sind gekommen, um ihren Sohn am achten Tag nach der Geburt beschneiden zu lassen und das vorgeschriebene Opfer darzubringen. In ihrem

Kind erkennt Simeon den verheißenen Erlöser. So nimmt er es dankbar in seine Arme und sagt: »Nun kann ich in Frieden sterben, denn meine Augen haben das Heil gesehen.« Sein lebenslanges, geduldiges Warten hat sich gelohnt. Seine Hoffnung und seine Sehnsucht haben sich in diesem Kind erfüllt. In ihm darf er erleben, dass Gott das, was er verspricht auch hält. Dass er an ihn und an sein Volk denkt, und ihm den verheißenen Retter schickt, um es aus aller Not und Trübsal zu erlösen.

Ich denke, auch wir wünschen uns, eines Tages in Frieden sterben zu können. Im Frieden mit uns, mit der Welt und mit Gott.

Und vielleicht brauchen wir dazu das Gleiche wie der alte Simeon: die Erkenntnis, dass Gott wirklich gut ist. Die Gewissheit, dass er das Heil, das er uns versprochen hat, auch wirklich vollbringt. Das Vertrauen, dass er sein heilsames Wirken an uns und in unserem Leben vollenden wird. Letztendlich das Vertrauen, dass Gott der Herr ist und am Schluss alles gut macht.

Auch bei Simeon ist es letztendlich Vertrauen. Denn was er sieht, ist nur ein Baby, ein Anfang. Er erlebt nicht den erwachsenen Jesus. Er hört keines seiner Worte, sieht keine seiner Wundertaten, erlebt keine seiner Heilungen. Er weiß nicht um seine Passion und die Auferstehung. Er sieht nur das Baby, das Maria in den Tempel gebracht hat und zu dem der Heilige Geist ihn geführt hat. Doch dies zu sehen, genügt ihm. Er ist bereit, in dem neugeborenen Kind den Erlöser, die Erfüllung der Verheißung zu erkennen. Und er ist sich sicher, dass Gott gut zu Ende bringen wird, was er mit diesem einzigartigen, neuen Menschen begonnen hat. So nimmt er dieses Kind, behutsam, dankbar und glücklich in seine Arme. Er glaubt und vertraut, dass in diesem Kind das Heil ist. Gott hat sein Versprechen gehalten und ihn nicht vergessen. Nun kann er in Frieden sterben.

Wir wissen, dass Gott in Jesus Christus tatsächlich alle seine Verheißungen erfüllt und seine Versprechen gehalten hat; denn wir kennen seine Worte und Taten, seine Passion und Auferstehung.

Aber in unserem Leben geht es uns oft wie Simeon. Wir sehen oft nur den Anfang dieses großen Heils. Etwas, das noch wachsen muss, das noch lange nicht vollendet ist. Doch wie Simeon dürfen wir trotzdem fest vertrauen, dass Gott seine guten Verheißungen an uns erfüllen wird; auch wenn wir im Moment vieles davon nur erahnen können. Wir dürfen vertrauen, dass er uns und die Welt erlösen wird, auch wenn wir bisher nur die Anfänge davon erkennen können. Wir dürfen vertrauen, dass er alles zu einem guten Ende führen wird. Auch das Misslungene und Verworrene, das, was uns quält und traurig macht. In Jesus Christus begegnet uns die heilsame und bedingungslose Liebe Gottes. Sie nimmt alles weg, was uns von Gott trennt, damit wir endlich heim finden können zu ihm.

Diese Hoffnung und dieses Vertrauen dürfen wir wie Simeon glaubend und dankbar in die Arme nehmen. Und vielleicht hilft das auch uns, eines Tages einmal in Frieden zu sterben, heimzugehen zu unserem Vater, der alles gut machen wird, wie er es uns versprochen hat. Amen.

Fürbitten:

Herr, unser Gott,

vieles in unserem Leben und in dieser Welt liegt im Argen. Wir sehnen uns nach Erlösung, danach, dass du alles gut machen wirst.

- Wir bitten dich um Frieden dort, wo Krieg herrscht.
- Wir bitten dich um verzeihende Liebe, wo Fronten verhärtet sind.
- Wir bitten dich um Heilung, wo Menschen krank, einsam, verzweifelt oder voller Hass sind.

Manches in unserem Leben ist nicht so gelungen, wie wir uns das gewünscht hätten.

- Wir bitten dich, gib uns den Mut, Wichtiges, das noch unerledigt ist, im Vertrauen auf dein Mitgehen anzupacken.
- Und hilf uns, uns auszusöhnen mit dem, was wir nicht mehr ändern können. In dem festen Glauben, dass du dein gutes Werk der Liebe an uns und den Unseren vollenden wirst.

Lass uns erkennen, wie du uns in Jesus Christus mit großer Liebe und Nähe begegnest, damit wir unseren Frieden finden können. Amen.

Vaterunser

Lied: Im Frieden dein, o Herre mein, Str. 1–3 (GL 216 / EG 222)

Segen:
Der Herr segne euer Leben mit seiner Liebe.

Er segne das Schöne und das Schwere,
das Gelungene und das Unvollendete.

Er befreie euch von Schuld
und schenke euch seinen tiefen Frieden.

So segne euch und alle, die ihr im Herzen tragt,
der Vater und der Sohn und der Heilige Geist. Amen.

Tanzen vor Freude

Alles hat seine Zeit – Koh 3,1–4

Material:

- bunte Chiffontücher (mindestens eines für jeden Teilnehmer)
- evtl. Luftschlangen oder Luftballons

Die Mitte wird mit dem Material schon zu Beginn bunt gestaltet.

Begrüßung und Votum

Lied: Ich lobe meinen Gott, Str. 1–2 (GL 400 / EG 272)

Gebet:

Herr, ich werfe meine Freude wie Vögel an den Himmel.
Die Nacht ist verflattert und ich freue mich am Licht.
Deine Sonne hat den Tau weggebrannt vom Gras und von unseren Herzen.
Was da aus uns kommt, was da um uns ist an diesem Morgen, das ist Dank.
Herr, ich bin fröhlich heute am Morgen.
Die Vögel und Engel singen, und ich jubiliere auch.
Das All und unsere Herzen sind offen für deine Gnade.
Herr, ich freue mich an der Schöpfung und dass du dahinter bist und daneben und davor und darüber und in uns.
Die Psalmen singen von deiner Liebe, die Propheten verkündigen sie, und wir erfahren sie: Weihnachten, Ostern, Pfingsten und Himmelfahrt ist jeder Tag in deiner Gnade. ↗

Herr, ich werfe meine Freude wie Vögel an den Himmel. Ein neuer Tag, der glitzert und knistert, knallt und jubiliert von deiner Liebe. Jeden Tag machst du. Halleluja, Herr! Amen.

Ein fröhliches Morgengebet westafrikanischer Christen

***Einführung*:**

Das Schöne an unserem Kirchenjahr ist, dass darin alles Platz hat, was uns Menschen in unserem Leben beschäftigt. Da gibt es z.B. die freudige Erwartung im Advent, das Staunen und die Dankbarkeit an Weihnachten; Trauer, Leid und Tod haben ihren Platz in der Passionszeit; Hoffnung und neues Leben sind die Themen der Osterzeit.

Jetzt ist Fastnacht. Hier bekommt die ausgelassene Lebensfreude Raum.

→ Haben Sie gerne Fastnacht gefeiert? Was waren für Sie die Zeiten, in denen Sie die Lebensfreude gespürt haben?

An Fastnacht wird kräftig gegessen und getrunken, getanzt und gelacht, bevor es dann am Aschermittwoch in die ruhige und nachdenkliche Fastenzeit übergeht. Mit Fröhlichkeit und Ausgelassenheit feiern wir das Leben. Das ist letztlich auch ein Dank an Gott, der uns dieses Leben geschenkt hat und dazu viele Dinge, über die wir uns freuen können.

Psalm:

Halleluja!
Lobt Gott in seinem Heiligtum,
lobt ihn in seiner mächtigen Feste!
Lobt ihn wegen seiner machtvollen Taten,
lobt ihn nach der Fülle seiner Größe!
Lobt ihn mit dem Schall des Widderhorns,
lobt ihn mit Harfe und Leier!
Lobt ihn mit Trommel und Reigentanz,
lobt ihn mit Saiten und Flöte!
Lobt ihn mit tönenden Zimbeln,
lobt ihn mit schallenden Zimbeln!
Alles, was atmet, lobe den Herrn.
Halleluja!
Ps 150,1–6

Lied: Nun danket all und bringet Ehr, Str. 1–3 (GL 403 / EG 322)

Schriftwort und Ansprache:

Alles hat seine Stunde.
Für jedes Geschehen unter dem Himmel gibt es eine bestimmte Zeit:
eine Zeit zum Gebären und eine Zeit zum Sterben,
eine Zeit zum Pflanzen und eine Zeit zum Ausreißen der Pflanzen,
eine Zeit zum Töten und eine Zeit zum Heilen,
eine Zeit zum Niederreißen und eine Zeit zum Bauen,
eine Zeit zum Weinen und eine Zeit zum Lachen,
eine Zeit für die Klage und eine Zeit für den Tanz.
Koh 3,1–4

Liebe Seniorinnen und Senioren,
was wir soeben aus dem Buch Kohelet gehört haben, ist wahrscheinlich auch Ihre Erkenntnis im Rückblick auf ein langes Leben. Das Leben ist bunt und vielfältig und nicht immer gleich. Die unterschiedlichsten Dinge finden darin ihren Platz und bekommen ihre Zeit. Das Schöne und Hoffnungsvolle und das Traurige und Schwere. Zum Leben gehört alles. So ist es auch mit Weinen und Lachen, mit Klage und Tanz. Meistens bewegen wir uns im Leben ja irgendwo in der Mitte zwischen Lachen und Weinen, zwischen Klagen und Tanzen. Alltag eben. Und dann gibt es die ganz schweren Zeiten, in denen uns nur nach Klagen und Weinen zumute ist. Diese Zeiten gefallen uns in der Regel nicht so und manchmal würden wir sie gerne auslassen oder überspringen. Doch der Prediger ermutigt uns, auch dem Klagen und Weinen seine Zeit zu geben, wenn es gerade dran ist. Klagen und Weinen gehören zum Leben und sie brauchen ihren Raum. Solche Zeiten sind nicht leicht oder angenehm, aber ich denke, dass auch sie es sind, die dem Leben Tiefe geben. Denn es sind oft die Zeiten, in denen wir lernen und wachsen können. Und vor dem dunklen Hintergrund von Zeiten des Weinens und der Klage bekommt das Fröhliche und Schöne einen tieferen Wert und größeren Glanz. Das Lachen klingt anders und fröhlicher, wenn es nach einer Zeit des Weinens erklingt; und der Tanz wird beschwingter, wenn man auch um Zeiten der Klage weiß.
Aber auch Lachen und Tanzen sind wichtig und geradezu unentbehrlich. Ohne all die schönen und fröhlichen Dinge wäre das Leben schlicht unerträglich. Lachen und tanzen sind Ausdruck der Freude. Gleichzeitig machen sie das Leben leichter, denn sie lassen uns das Schwere im Leben eine Zeitlang vergessen. Der

Volksmund sagt, ein Lachen vertreibt hundert Sorgen. Und der große Kirchenlehrer Augustinus schrieb: »Ich lobe den Tanz, denn er befreit den Menschen von der Schwere der Dinge.« Lachen und Tanzen helfen uns, nicht alles immer so ernst und schwer zu nehmen.

In manchen strengeren christlichen Gemeinschaften waren Tanzen und lautes Lachen nicht gerne gesehen. Zu groß war die Angst vor Leichtlebigkeit und Sünde. Aber im Psalm haben wir gehört, dass der Tanz schon damals auch eine Art war, Gott zu loben. Ein Ausdruck der Freude am Leben und an der Liebe Gottes. In afrikanischen und charismatischen Gottesdiensten wird die Freude an Gott und seiner Liebe gerne durch Tanz ausgedrückt. Lachen und Tanzen erinnern uns an das Ziel von Gottes Verheißung: dass endlich alles gut werden wird; dass Gott alle Tränen abwischen wird und dass Schmerz, Leid und Tod nicht mehr sein werden. Das ist wirklich ein Grund, sich zu freuen, zu lachen und zu tanzen. Auch im Kirchenjahr hat das Lachen übrigens neben der Fastnacht nochmals einen festen Platz und zwar im Brauch des sogenannten »Osterlachens«. Im Ostergottesdienst ist das Lachen ein Zeichen für die Freude über die Auferstehung Jesu und seinen Sieg über den Tod. Amen.

Fürbitten:

Herr, unser Gott,
in einem reichen, erfüllten Leben schenkst du uns beides, Zeiten des Lachens und des Tanzes und Zeiten des Weinens und der Klage. Wir danken dir für alle Freude, die du uns schenkst, für jedes Lachen, das unseren Tag erhellt.
Doch in unserem Leben gibt es auch schwere Zeiten. Wir bitten dich für alle, die jetzt klagen und weinen, für alle, die krank und einsam sind: Sei ihnen nahe mit deiner Liebe, dass sie den Blick für das Schöne und Gute in ihrem Leben nicht verlieren. Gib ihnen und auch uns die Kraft, schwere Zeiten auszuhalten im Vertrauen darauf, dass du uns auch wieder Zeiten der Freude schenken wirst. Denn du hast uns verheißen, dass du alle Tränen abwischen wirst von unseren Augen und dass das Weinen und das Leid ein Ende haben werden. Amen.

Vaterunser

Lied: Nun jauchzt dem Herren alle Welt, Str. 1–2+5 (GL 144 / EG 288)

oder

Sitztanz:

Statt eines Schlussliedes bietet es sich an, mit den Senioren einen Sitztanz zu machen. Dabei kann man die bunten Chiffontücher aus der Mitte verwenden. Vorschläge und Beispiele für einfache Choreographien finden sich im Internet. Meiner Erfahrung nach ist eine Dauer von 2 Minuten absolut ausreichend.

Segen:

Gesegnet sollst du sein
mit dem großen Glück,
dich freuen zu können
und andere Menschen
zu erfreuen mit dem,
was dich im Herzen freut.[2]

So segne und behüte euch der dreieinige Gott,
der Vater und der Sohn und der Heilige Geist. Amen.

2 Aus: Paul Weismantel, Segensgebete für das Jahr – für das Leben, ISBN 978-3-96157-020-1, © Verlag Katholisches Bibelwerk GmbH, Stuttgart 2017, S. 58.

Der Schatz in mir

Ein Schatz in irdenen Gefäßen – 2 Kor 4,7–10

Material:

- altes Tongefäß (Topf, Krug o. Ä.)
- ein »Goldschatz« (z. B. Münzen, Ketten usw.)

Begrüßung und Votum

Lied: Lobet den Herren, Str. 1–3 (GL 81 / EG 447)

Gebet:

Gott, unser Vater,
die Nacht ist vergangen und ein neuer Tag wartet auf uns. Du schenkst ihn uns aus deiner Fülle und Liebe. Wir wollen ihn dankbar entgegennehmen und dich für deine Freundlichkeit loben. Gott, du weißt, manchmal fühlen wir uns müde und zerbrechlich. Wir spüren unsere Schwäche und unsere Vergänglichkeit. Doch bei dir sind die Kraft und das unvergängliche Leben. Du liebst uns und bist immer bei uns. Du sagst uns deine Liebe und Nähe zu. Was auch immer geschehen mag. Auf dich können wir uns verlassen. Du bleibst treu. Wir bitten dich, stärke uns nun durch dein Wort. Amen.

Einführung:

→ Wo bewahren Sie Wertvolles auf?

Wertvolles wird an den unterschiedlichsten Orten aufbewahrt. Es gibt dafür schöne und ebenso wertvolle Behältnisse, wie reich verzierte Schatztruhen oder kostbare Schmuckkästchen. Diese sind dem wertvollen Inhalt angemessen. Manchmal wird Wertvolles aber auch an unauffälligen Orten deponiert, um es vor Dieben zu schützen.

Wenn die Archäologen ihrer Arbeit nachgehen, finden sie manchmal reichverzierte Truhen. Da ist schnell klar, dass sich etwas Wertvolles darin befinden muss. Ein anderes Mal finden sie ein einfaches Tongefäß, so wie dieses hier. Und erst bei näherem Hinsehen entdecken sie darin einen kostbaren Schatz.

Das Tongefäß mit sichtbarem Schatz wird in die Mitte gelegt.

→ Sind Sie auch schon einmal auf etwas Wertvolles gestoßen, an einem Ort oder bei einem Menschen, wo Sie es nicht vermutet hätten?

Psalmwort:

Behüte mich, Gott, denn bei dir habe ich mich geborgen!
Ich sagte zum Herrn: Mein Herr bist du,
mein ganzes Glück bist du allein. (...)
Der Herr ist mein Erbanteil, er reicht mir den Becher,
du bist es, der mein Los hält.
Die Messschnur fiel mir auf liebliches Land.
Ja, mein Erbe gefällt mir.
Ich preise den Herrn, der mir Rat gibt,
auch in Nächten hat mich mein Innerstes gemahnt.
Ich habe mir den Herrn beständig vor Augen gestellt,
weil er zu meiner Rechten ist, wanke ich nicht.
Ps 16,1–2+5–8

Lied: Großer Gott, wir loben dich, Str. 1+10 (GL 380 / EG 331)

Schriftwort und Ansprache:

Liebe Seniorinnen und Senioren,
wie einem alten Tonkrug, so sieht man es auch uns auf den ersten Blick nicht an; aber Gott hat uns einen Schatz anvertraut. Einen einzigartigen, kostbaren und ewigen Schatz. Das ist die Botschaft, die Jesus Christus uns in seinen Worten und seinem Leben nahegebracht hat. Es ist Gottes Liebe, die gute Nachricht, dass er auf unserer Seite ist, dass er stärker ist als der Tod.

Trotzdem kennen wir alle in unserem Leben Angst, Not, Leid und Sorgen, Krankheit und Tod. In seinem Brief an die Gemeinde in Korinth verwendet der Apostel Paulus ein sehr schönes Bild für diesen scheinbaren Widerspruch. Er schreibt:

Diesen Schatz tragen wir in zerbrechlichen Gefäßen;
so wird deutlich, dass das Übermaß der Kraft von Gott
und nicht von uns kommt.
Von allen Seiten werden wir in die Enge getrieben
und finden doch noch Raum;
wir wissen weder aus noch ein und verzweifeln dennoch nicht;
wir werden gehetzt und sind doch nicht verlassen;
wir werden niedergestreckt und doch nicht vernichtet.
Immer tragen wir das Todesleiden Jesu an unserem Leib,
damit auch das Leben Jesu an unserem Leib sichtbar wird.
2 Kor 4,7–10

Paulus bringt hier zwei ganz unterschiedliche Dinge zusammen: Den wertvollen Schatz, der von Gott kommt, und das irdene Gefäß, in dem er aufbewahrt wird. Dieses Gefäß sind wir, unser Körper, in dem wir auf dieser Welt unterwegs sind. *Irden* bedeutet: aus Ton gemacht, also aus Erde. Das erinnert an den Schöpfungsbericht, demzufolge Gott den Menschen aus Erde formte. Oder wie es kurz darauf nach dem Sündenfall heißt: »Staub bist du und zum Staub kehrst du zurück« (Gen 3,19).
Ja, wir sind zerbrechlich und vergänglich. So wie das Tongefäß. Und dennoch tragen wir den unzerstörbaren Schatz des Lichtes und der Liebe Gottes in uns. So gehören wir nicht nur der Erde und der Vergänglichkeit an, sondern genauso dem Himmel und der Ewigkeit. Jeder von uns hier hat etwas Unvergängliches und Göttliches in sich. Den Lebensatem, den Gott seinen Geschöpfen eingehaucht hat, den Geist Gottes, seine Liebe und Gegenwart, seine Worte, die er uns zugesprochen hat; einen unendlich kostbaren Schatz. Egal wie zerbrechlich und möglicherweise schon

rissig das irdene Gefäß sein mag, der Schatz in ihm bleibt wertvoll und wird überdauern.

Und dieser göttliche Schatz in uns gibt uns Kraft. Kraft, die nicht von uns kommt, sondern von Gott. Er gibt uns die Kraft, dieses Leben mit seinen Herausforderungen und seiner Vergänglichkeit anzunehmen und zu meistern.

Paulus leugnet nicht, dass das Leben schwer sein kann. Er nimmt die Schwierigkeiten und Anfechtungen, denen wir ausgesetzt sind, ganz ernst.

Er spricht davon, dass wir manchmal bedrängt sind, dass wir weder aus noch ein wissen, dass wir getrieben sind oder niedergeschlagen. Und er erinnert daran, dass auch Jesus dieses vergängliche Leben mit all seinen Widrigkeiten auf sich genommen hat und schließlich gestorben ist.

Aber genauso ernst und wirklich sind für ihn die Auferstehung Jesu und das unzerstörbare neue Leben, das er erhalten hat. Paulus ist sich sicher, dass auch wir auferstehen werden, da wir jetzt schon den unvergänglichen Schatz in uns tragen.

Und dieser Schatz hilft uns schon hier, nicht zu verzweifeln. Er lässt uns vertrauen, dass Gott immer einen Weg für uns hat, dass er uns nicht im Stich lässt. Er hilft uns immer wieder auf und gibt uns neue Kraft zum Weitergehen.

So wollen wir diesen Schatz unseres Glaubens festhalten, damit er uns in unserem Leben stärke. Und wir wollen darauf vertrauen: Wenn wir mit Christus sterben, so werden wir auch mit ihm auferstehen und leben. Amen.

Fürbittgebet:

Gott, unser Vater,

du beschenkst uns immer aufs Neue mit deinem Wort, deiner Nähe und deiner Liebe. Hilf uns, diesen Schatz recht zu bewahren und ihn immer wieder zu betrachten.

Wir bitten dich: Segne mit dem Reichtum deiner Liebe auch alle, die wir im Herzen tragen und an die wir jetzt denken:

- Unsere Familien und Freunde,
- die Kranken und Schwachen,
- die Armen und Hungernden,
- die Menschen, die unter Krieg und Gewalt leiden müssen,
- die Traurigen und Verzweifelten.

Sie alle bewahre in deiner guten Hand und stärke sie mit dem Schatz deiner Nähe.

Die Sterbenden führe heim ins Leben bei dir.

So bitten wir durch Christus, unseren Herrn. Amen.

Vaterunser

Lied: Nun danket alle Gott, Str. 1–2 (GL 405 / EG 321)

Segen:

Gott, der Herr, segne euch und mache euch reich.
Er beschenke euch mit seinem Wort,
er fülle euch mit seiner Liebe,
dass ihr gestärkt und voll Zuversicht
euren Lebensweg gehen möget.
So segne und behüte euch der dreieinige Gott,
der Vater und der Sohn und der Heilige Geist. Amen.

Gott hat Geduld mit mir

Das Gleichnis vom Feigenbaum – Lk 13,6–9

Material:

- ein Bäumchen im Topf
- Gartenhacke
- Säckchen mit Dünger

Begrüßung und Votum

Lied: Liebster Jesu, wir sind hier, Str. 1–3 (GL 149 / EG 161)

Gebet:
Herr, unser Gott, wir danken dir, dass du uns wunderbar geschaffen hast. Du kennst uns und liebst uns. Deswegen können wir vor dich kommen, so wie wir sind. Vor dir können und müssen wir nichts verstecken. So kommen wir heute zu dir und bringen dir unsere Freude und unseren Dank, aber auch das, was in unserem Leben schwierig und schmerzhaft war und ist. Wir bringen dir unsere gescheiterten Bemühungen, unsere zerbrochenen Hoffnungen, unsere krummen Wege und unsere Sackgassen. Und wir bitten dich um deine heilende Nähe: dass du zusammenfügst, was zerbrochen ist, das Krumme geradebiegst und uns Wege zeigst aus der Ausweglosigkeit. Denn du bist unser Vater, der uns liebt. Du möchtest, dass unser Leben fruchtbar wird. Amen.

Einführung:

Die Topfpflanze wird in die Mitte gestellt.

Pflanzen sind eine Zierde im Haus und im Garten. Doch sie sind nicht nur schön anzuschauen, sie liefern uns auch wichtige und wertvolle Nahrungsmittel. In der Landwirtschaft schaut man daher vor allem darauf, dass sie Früchte bringen und dass der Ertrag stimmt. Doch es gibt einiges, was den Ertrag mindern kann oder ihn ganz verhindert.

→ Fallen Ihnen Dinge ein, die im Garten und auf den Feldern verhindern können, dass Früchte wachsen?

Auch von unserem Leben wünschen wir uns, dass es fruchtbar wird und gute Spuren hinterlässt. Doch wir wissen, dass uns das oft nicht so gelingt, wie wir uns das vorgestellt haben. Wir kommen immer wieder an unsere Grenzen. Manchmal werden wir auch schuldig. Da ist es gut zu wissen, dass Gott uns mit unserem Unvermögen nicht alleine lässt, wie wir im heutigen Evangelium hören werden. Er geht immer wieder auf uns zu, wie wir es auch im folgenden Psalm lesen:

Psalm:

Der Herr ist barmherzig und gnädig,
langmütig und reich an Huld.
Er wird nicht immer rechten
und nicht ewig trägt er nach.
Er handelt an uns nicht nach unsern Sünden
und vergilt uns nicht nach unsrer Schuld.
Denn so hoch der Himmel über der Erde ist,
so mächtig ist seine Huld über denen, die ihn fürchten. ↗

So weit der Aufgang entfernt ist vom Untergang,
so weit entfernt er von uns unsere Frevel.
Wie ein Vater sich seiner Kinder erbarmt,
so erbarmt sich der Herr über alle, die ihn fürchten.
Ps 103,8–13

Lied: O Herr, nimm unsre Schuld, Str. 1–4 (GL 273 / EG 235)

***Schriftwort und Ansprache*:**
Und er erzählte ihnen dieses Gleichnis:
Ein Mann hatte in seinem Weinberg einen Feigenbaum gepflanzt;
und als er kam und nachsah, ob er Früchte trug, fand er keine.
Da sagte er zu seinem Winzer:
Siehe, jetzt komme ich schon drei Jahre und sehe nach,
ob dieser Feigenbaum Früchte trägt, und finde nichts.
Hau ihn um! Was soll er weiter dem Boden seine Kraft nehmen?
Der Winzer erwiderte:
Herr, lass ihn dieses Jahr noch stehen;
ich will den Boden um ihn herum aufgraben und düngen.
Vielleicht trägt er in Zukunft Früchte;
wenn nicht, dann lass ihn umhauen!
Lk 13,6–9

Liebe Seniorinnen und Senioren,
Jesus greift in seinem Gleichnis, wie so oft, auf ein Bild aus der Landwirtschaft zurück. Dieses Gebiet war seinen Zuhörern vertraut, denn viele waren Kleinbauern und hatten zumindest eine Selbstversorger-Landwirtschaft.

Er erzählt von einem Feigenbaum, der sorgfältig in einen Weinberg gepflanzt wurde. Doch dieser Baum trägt einfach keine Früchte.
So geht es auch uns immer wieder. Gott hat uns geschaffen und uns in unser Lebensumfeld gesetzt. Doch oft leben wir nicht so, wie es Gottes Geboten und Weisungen entspricht. Wir vertrauen ihm nicht genug. Anstatt seinem Wort zu folgen, lassen wir uns leiten von unserer Angst, von dem Bedürfnis nach Geltung und Macht und von der Sucht nach Haben, Besitzen und Festhalten. Aber ein solches Leben bleibt bei sich und wird nicht fruchtbar.
Der Besitzer des Feigenbaumes in dem Gleichnis Jesu sucht nun schon im dritten Jahr vergeblich nach Früchten an dem Baum. Und so fällt er ein hartes, aber aus landwirtschaftlicher Sicht durchaus verständliches Urteil: Der Baum soll umgehauen werden.
Doch nun bringt Jesus sich selbst ins Spiel. Er ist der Weingärtner, der sich für den Feigenbaum einsetzt. Und er bittet den Besitzer nicht nur um Aufschub, sondern er ist darüber hinaus bereit, sich nochmal intensiv um den Baum zu kümmern. Jesus setzt sich also für uns ein, denn er möchte, dass unser Leben gelingt und fruchtbar wird. Und dafür ist er bereit, selbst Hand anzulegen, um uns zu helfen.
Jesus nennt zwei konkrete Dinge, die er für diesen Baum tun möchte: umgraben und düngen. Als Hobbygärtnerin hätte ich auch noch an andere Maßnahmen denken können. Ein ordentlicher Rückschnitt z.B. ist mitunter ja auch hilfreich. Doch davon spricht Jesus interessanterweise nicht. Hier wird nichts abgeschnitten und niemand zurechtgestutzt. Jesus möchte nur umgraben und düngen.

Die Gartenhacke wird zu dem Baum gelegt.

Zuerst umgraben: Durch das Umgraben wird der verhärtete Boden gelockert. Unkraut kann entfernt oder untergegraben werden. Dann kann das Regenwasser wieder in den Boden eindringen und bis an die Wurzeln des Baumes gelangen.
Jesus möchte also zuerst unsere Verhärtungen aufbrechen. Wir können es manchmal geradezu körperlich spüren, wie unsere Angst oder das Gefühl, alles im Griff haben zu müssen oder auch das Festhalten an Besitz uns verkrampft und hart werden lässt. Wir bauen Mauern und Schutzwälle auf und verschanzen uns dahinter. Jesus möchte mit seiner Zuwendung zu den Menschen bewirken, dass diese Verhärtungen aufbrechen. Denn dann kann das Leben spendende Wasser, die Liebe Gottes, in uns eindringen und bis zu unseren Herzen gelangen. Deswegen geht Jesus zu den Menschen, gerade zu denen, die eben nicht perfekt sind. Er begegnet ihnen mit vorbehaltloser Annahme und Wertschätzung. Er spricht mit ihnen. Er berührt sie. Er heilt sie. Er macht ihnen Mut, Gott neu zu vertrauen. So können Verhärtungen aufbrechen.

Der Dünger wird zu dem Baum gestellt.

Und dann möchte Jesus den Feigenbaum düngen: Der Dünger gibt Nahrung und neue Kraft.
Dünger für unser Leben und unseren Glauben sind die Worte Jesu, seine Taten, sein Leben und Leiden und seine Auferstehung. In all dem zeigt er uns einen Weg, zuversichtlich und vertrauensvoll zu leben. Es tut uns gut, die Überlieferungen in den Evangelien immer wieder zu betrachten. Und das nicht nur alleine. Auch die Gemeinschaft mit anderen Glaubenden stärkt uns, genauso wie die gemeinsame Feier von Gottesdiensten. Da-

rüber hinaus können uns Glaubenszeugnisse stärken, die andere Menschen in Wort und Schrift, in Kunst und Musik hinterlassen haben. Und nicht zuletzt gibt Jesus sich selbst in der Eucharistie (bzw. im Abendmahl) uns zur Nahrung. Er selbst möchte uns durch seine Nähe, durch sein Da-Sein und Mitgehen stärken. Damit wir seinem Beispiel folgen und mutig den Weg des Vertrauens auf Gott gehen können.
Vertrauen wir uns also der liebenden Fürsorge dieses Weingärtners an. Lassen wir von ihm unsere Verhärtungen aufbrechen, damit seine Liebe den Weg zu unseren Herzen finden kann. Dann werden seine Nähe und sein Wort uns stärken und unser Leben reich und fruchtbar machen. Amen.

Fürbitten:

Herr, unser Gott, wir wollen das Gute tun und kommen doch immer wieder an unsere Grenzen. Wir wollen dir vertrauen und gehen doch immer wieder unsere eigenen Wege. Wir sehnen uns nach einem erfüllten Leben. Deswegen bitten wir dich:

- Hilf uns, dir und deiner Liebe immer mehr zu vertrauen, damit das Erstarrte in uns aufbrechen und deine Liebe uns erreichen kann.
- Stärke uns durch dein Wort und deine Nähe und sende uns deinen Heiligen Geist, damit Neues in uns wachsen kann.
- Segne die Früchte unseres Lebens und lass sie zum Segen werden für andere.
- Lass dein Reich wachsen, hier unter uns, in unseren Familien, unserer Stadt und unserem Land. Dass der ganze Erdkreis dich lobe und preise.

So bitten wir durch Jesus Christus, unseren Herrn. Amen.

Vaterunser

Lied: Wohl denen, die da wandeln, Str. 1–3 (GL 543 / EG 295)

Segen:

Der Herr segne euch und behüte euch,
der Herr lasse sein Angesicht leuchten über euch
und sei euch gnädig.
Der Herr wende euch sein Angesicht zu
und schenke euch seinen Frieden. Amen.

Einander vergeben

Die Pflicht zur Vergebung – Mt 18,23–35

Material:

- einige Pflastersteine
- eine kleine Blume im Topf

Die Pflastersteine liegen bereits als Haufen in der Mitte, die Blume wird danebengestellt.

Begrüßung und Votum

Lied: Gott ist gegenwärtig, Str. 1–2 (GL 387 / EG 165)

Gebet:

Herr, unser Gott, dein ist der Tag und dein ist die Nacht. Jeden Morgen lässt du von Neuem die Sonne aufgehen über Gerechte und Ungerechte. Wir danken dir für alles, was du uns Gutes geschenkt hast. Besonders danken wir dir für die Menschen, die uns in unserem Leben begleitet haben und begleiten. Wir sind dankbar für alles Schöne, was wir mit ihnen erleben durften. Doch leider sind wir auch schuldig geworden an unseren Mitmenschen, an dir und an uns selbst. So kommen wir nun zu dir auch mit unserer Schuld und bitten dich um deine Vergebung und dein Erbarmen. Lass das Licht deiner Liebe und Güte einen Weg finden in unsere Herzen. Durch dein Wort und deine Gegenwart vertreibe daraus alle Härte, allen Kummer und alle Traurigkeit. Du, unser Herr und Gott von Ewigkeit zu Ewigkeit. Amen.

Einführung:

Einen Pflasterstein nehmen und von den Senioren berühren und fühlen lassen, evtl. in die Hand nehmen lassen, allerdings vorsichtig und mit Unterstützung, da die alten Menschen oft sehr schwach sind!

Diese Steine sind hart und schwer. Sie sollen heute ein Symbol sein für Schuld. Wir alle werden im Leben schuldig. Schuld kann schwer wiegen. Sie kann alle Beteiligten drücken und bedrücken. Schuld kann Menschen trennen. Sie kann Mauern aufbauen, die unüberwindlich scheinen.

Aus den Steinen wird eine kleine Mauer vor der Blume gebaut, sodass sie nicht mehr sichtbar ist.

→ Vielleicht mussten Sie das in Ihrem Leben auch erleben?
Jesus möchte, dass wir diese Mauern abbauen, damit gemeinsames Leben wieder möglich wird. Das ist oft nicht leicht. Doch wir hören heute, dass Gott den ersten Schritt macht. Er vergibt uns immer wieder.

Psalm:

Er handelt an uns nicht nach unsern Sünden
und vergilt uns nicht nach unsrer Schuld.
Denn so hoch der Himmel über der Erde ist,
so mächtig ist seine Huld über denen, die ihn fürchten.
So weit der Aufgang entfernt ist vom Untergang,
so weit entfernt er von uns unsere Frevel.
Wie ein Vater sich seiner Kinder erbarmt,
so erbarmt sich der Herr über alle, die ihn fürchten.

Denn er weiß, was wir für Gebilde sind,
er bedenkt, dass wir Staub sind.
Ps 103,10–14

Lied: Wohl denen, die da wandeln, Str. 1+4 (GL 543 / EG 295)

Schriftwort und Ansprache:
Mit dem Himmelreich ist es deshalb wie mit einem König,
der beschloss, von seinen Knechten Rechenschaft zu verlangen.
Als er nun mit der Abrechnung begann,
brachte man einen zu ihm, der ihm zehntausend Talente schuldig war.
Weil er aber das Geld nicht zurückzahlen konnte,
befahl der Herr, ihn mit Frau und Kindern und allem, was er besaß,
zu verkaufen und so die Schuld zu begleichen.
Da fiel der Knecht vor ihm auf die Knie und bat:
Hab Geduld mit mir! Ich werde dir alles zurückzahlen.
Der Herr des Knechtes hatte Mitleid,
ließ ihn gehen und schenkte ihm die Schuld.
Als nun der Knecht hinausging,
traf er einen Mitknecht, der ihm hundert Denare schuldig war.
Er packte ihn, würgte ihn und sagte: Bezahl, was du schuldig bist!
Da fiel der Mitknecht vor ihm nieder und flehte:
Hab Geduld mit mir! Ich werde es dir zurückzahlen.
Er aber wollte nicht, sondern ging weg
und ließ ihn ins Gefängnis werfen, bis er die Schuld bezahlt habe.
Als die Mitknechte das sahen, waren sie sehr betrübt; ↗

sie gingen zu ihrem Herrn und berichteten ihm alles,
was geschehen war.
Da ließ ihn sein Herr rufen und sagte zu ihm:
Du elender Knecht! Deine ganze Schuld habe ich dir erlassen,
weil du mich angefleht hast.
Hättest nicht auch du mit deinem Mitknecht Erbarmen
haben müssen,
so wie ich mit dir Erbarmen hatte?
Und in seinem Zorn übergab ihn der Herr den Peinigern,
bis er die ganze Schuld bezahlt habe.
Ebenso wird mein himmlischer Vater euch behandeln,
wenn nicht jeder seinem Bruder von Herzen vergibt.
Mt 18,23–35

Liebe Seniorinnen und Senioren,
wir alle wollen unsere Kinder vor Gefahren und dem Bösen bewahren. Deshalb sprechen wir mit ihnen darüber, um sie auf die möglichen Folgen ihres Verhaltens aufmerksam zu machen. Und je größer die drohende Gefahr ist, desto eindringlicher werden unsere Worte und desto drastischer die Bilder, die wir ihnen vor Augen malen. Das tun wir nicht, um ihnen Angst zu machen oder den Spaß zu verderben, sondern um sie, wenn möglich, vor Schlimmem zu bewahren.
Genauso macht es Jesus in diesem Gleichnis. Er verwendet am Schluss ein sehr hartes Bild, das uns kaum erträglich ist. Das zeigt, wie wichtig es ihm ist, uns vor einem solchen Schicksal zu bewahren. Er möchte, dass es uns gelingt, uns untereinander zu vergeben, so wie Gott uns vergibt. Denn die Bereitschaft zur Vergebung ist sehr wichtig im Leben. Wenn wir uns untereinander

nicht vergeben, werden die Mauern zwischen uns immer größer. Sie werden wie ein Gefängnis, in das wir uns und die anderen einsperren. Und es besteht die Gefahr, dass auch wir selber mit der Zeit hart werden wie die Steine.

Wir wissen alle, wie schwer es sein kann, jemandem zu verzeihen. Absichtliche und auch unabsichtliche Verletzungen und Kränkungen durch andere können sehr stark und sehr lange schmerzen. Wir fühlen uns im Innersten getroffen, in unserem Wert und unserer Würde als Person. Es gibt Taten, die ein ganzes Leben von jetzt auf nachher nachhaltig verändern. Menschen können einander großes Leid zufügen. Da haben wir dann doch jedes Recht, auf den anderen böse zu sein und zu wünschen, dass er ordentlich bestraft wird. Wir möchten, dass das Gesetz in seiner vollen Härte zum Einsatz kommt.

Vergebung aber bedeutet, auf Rache und Strafe zu verzichten. Sie verlangt von uns, dass wir auf unser gutes Recht verzichten. Vielleicht fällt uns Vergebung deswegen oft so schwer.

Jesus möchte uns helfen, einander zu vergeben, damit das Leben wieder wachsen kann.

Und so erzählt uns Jesus dieses Gleichnis.

Er erzählt uns darin von einem, der uns ein Beispiel sein kann, von einem, der bereit ist, auf sein Recht zu verzichten, der bereit ist zu vergeben: Das ist der König selbst. Der König ist in dieser Geschichte das Bild für Gott. Er verzichtet darauf, das Gesetz in all seiner Härte gegenüber seinem Schuldner anzuwenden. Durch das Bitten und Flehen seines Verwalters lässt er sich umstimmen und verzichtet auf eine Rückzahlung. Während es bei den Verwaltern untereinander nur um eine Schuld von 100 Silberstücken geht – also ca. 400 g Silber –, erlässt der König seinem Verwalter

eine Schuld von 10.000 Talenten Silber – das sind ca. 360.000 kg Silber! Ein geradezu unrealistisch großer Betrag. Doch damit macht Jesus die unvorstellbare Großzügigkeit und Barmherzigkeit Gottes deutlich. Er erlässt uns eine Schuld, die um ein Vielfaches größer ist als die, die wir untereinander haben.
Gott kommt uns in Jesus selbst entgegen, damit wir wieder in Verbindung mit ihm leben können. Und Jesus selbst achtet dabei nicht auf sein eigenes Leben, wenn es darum geht, die Sünde und Schuld beiseite zu räumen, die uns von Gott trennt.

Einige Steine werden aus der Mauer herausgenommen und beiseitegelegt.

Gott hat uns zuerst vergeben. Wenn wir uns untereinander vergeben, dann geben wir diese Vergebung Gottes, seine Liebe und Barmherzigkeit, aneinander weiter. Dann kann das Leben wieder aufblühen.

Die Mauer wird ganz geöffnet, sodass die Blume wieder sichtbar wird.

Vergebung ist oft nicht leicht und kann eine echte Herausforderung sein. Doch ich bin sicher, wenn es uns zu schwer wird, dürfen wir Jesus um seine Hilfe bitten. Wenn er möchte, dass wir uns untereinander vergeben, dann wird er uns auch helfen, diesen Schritt zu gehen, wenn wir ihn darum bitten. Und vielleicht hilft es ja auch, sich immer mal wieder daran zu erinnern, dass Gott ja auch uns immer wieder vergibt. Wir selbst leben täglich von der Vergebung Gottes, von seiner Gnade und der Barmherzigkeit. Genau wie unser Gegenüber auch.

Bitten wir Gott um den Mut und die Kraft, wieder aufeinander zuzugehen und um die Bereitschaft, einander zu verzeihen. Das wird nicht nur den befreien und aufleben lassen, der an uns schuldig geworden ist, sondern auch uns selbst. So wie Charles de Foucauld treffend sagte: »Vergebung heilt auch die Wunden im eigenen Herzen.« Amen.

Fürbitten:

Herr, unser Gott, du allein bist der Heilige, der Herrscher über Himmel und Erde. Wir danken dir für deine große Güte und Barmherzigkeit, mit der du uns immer wieder vergibst.

- Schenke du uns den Mut und die Kraft, auch denen zu vergeben, die an uns schuldig geworden sind. Damit wir dir ähnlich werden und als deine Kinder deine Liebe weitergeben.
- Hilf uns auch, selbst um Vergebung zu bitten, wo wir andere verletzt haben.
- Schenke du dieser Welt Frieden, wo immer Streit und Hass die Menschen entzweit.
- Hilf zur Versöhnung in unseren Familien, in unserem Land und zwischen den Nationen.
- Sei uns nahe mit deiner verzeihenden Liebe, sodass wir schließlich auch uns selbst vergeben und mit uns und unserem Leben Frieden schließen können.
- Diesen Frieden schenke auch unseren Verstorbenen. Nimm sie auf in dein ewiges Reich.

Amen.

Vaterunser

Lied: O Herr, nimm unsre Schuld, Str. 1–4 (GL 273 / EG 235)

Segen:

Gott, der Vater, segne euch.
Er komme euch entgegen mit seiner verzeihenden Liebe,
jeden Tag neu.

Gott, der Sohn Jesus Christus, segne euch.
Er begleite euch und gehe euch voraus auf dem Weg zum Leben,
jeden Tag neu.

Gott, der Heilige Geist, segne euch.
Er stärke euch und erfülle eure Herzen mit Liebe,
jeden Tag neu.

So segne und behüte euch alle
der Vater und der Sohn und der Heilige Geist. Amen.

Heimkommen

Das Gleichnis vom verlorenen Sohn – Lk 15,11–24

Material:

- zwei Bilder zu dem Gleichnis »Der verlorene Sohn« (z.B. aus dem Bibelbilderbuch von Kees de Kort): eines, das den geknickt heimkehrenden Sohn zeigt und eines, das die Umarmung durch den Vater zeigt

Begrüßung und Votum

Lied: Nun jauchzt dem Herren alle Welt, Str. 1–2 (GL 144 / EG 288)

Gebet:

Herr, unser Gott,
wir freuen uns, dass wir heute wieder zum gemeinsamen Gottesdienst zusammenkommen können. Manchmal fühlen wir uns einsam und sehnen uns nach der Gemeinschaft mit den Menschen, die uns wichtig sind und die wir lieben. Auch du sehnst dich nach uns. Du wartest auf uns und freust dich über jeden, der zu dir kommt. Wir danken dir, dass wir immer zu dir kommen und bei dir zu Hause sein dürfen. Du nimmst uns an, so wie wir sind. So kommen wir jetzt zu dir mit unseren Freuden und Sorgen, mit unseren Hoffnungen und Ängsten und auch mit unserer Schuld und bitten dich um dein Erbarmen. Segne unser Zusammensein und sei mit deiner vergebenden Liebe mitten unter uns. Amen.

Einführung:

→ Erinnern Sie sich noch daran, wie es früher war, heimzukommen? Ich könnte mir vorstellen, dass es da ganz unterschiedliche Erinnerungen gibt. Denn heimkommen kann schön sein und es kann schwer sein. Manchmal vielleicht beides gleichzeitig.

Das Bild »Heimkehrender Sohn« wird in die Mitte gelegt.

Schwer war es vielleicht, wenn zu Hause eine schwierige Situation herrschte, wenn es Konflikte gab oder man viel arbeiten musste. Oder auch dann, wenn man eine schlechte Note im Schulranzen hatte oder sonst etwas angestellt hatte. Dann musste man möglicherweise mit Ärger oder gar Schlägen rechnen.

Das Bild »Umarmung des Vaters« in die Mitte legen.

Schön ist das Heimkommen, wenn man zurückkommt in eine freundliche Umgebung, zu vertrauten und geliebten Menschen. Dorthin, wo man seinen Platz hat, seinen Rückzugsort, an dem man sich aufgehoben und sicher fühlt.
Ich denke das ist das Heimkommen, wie wir es uns vorstellen und wünschen. Das Gefühl, zur Ruhe zu kommen, dort anzukommen, wo wir einfach sein dürfen und angenommen sind, wie wir sind. Geborgenheit und Sicherheit zu finden an einem Ort, der uns vor der oft feindlichen Welt schützt und beschirmt.
Ich hoffe, Sie hatten in Ihrem Leben immer wieder solche Orte, an die Sie heimkommen konnten.

Psalm:

Als der Herr das Geschick Zions wendete,
da waren wir wie Träumende.
Da füllte sich unser Mund mit Lachen
und unsere Zunge mit Jubel.
Da sagte man unter den Völkern:
Groß hat der Herr an ihnen gehandelt!
Ja, groß hat der Herr an uns gehandelt. (...)
Die mit Tränen säen,
werden mit Jubel ernten.
Sie gehen, ja gehen und weinen
und tragen zur Aussaat den Samen.
Sie kommen, ja kommen mit Jubel
und bringen ihre Garben.
Ps 126,1–3+5–6

Lied: Was Gott tut, das ist wohlgetan, Str.1–2 (GL 416 / EG 372)

Schrifttext und Ansprache:

Jesus erzählt eine Geschichte vom Heimkommen:

Weiter sagte Jesus: Ein Mann hatte zwei Söhne.
Der jüngere von ihnen sagte zu seinem Vater:
Vater, gib mir das Erbteil, das mir zusteht!
Da teilte der Vater das Vermögen unter sie auf.
Nach wenigen Tagen packte der jüngere Sohn alles zusammen
und zog in ein fernes Land.
Dort führte er ein zügelloses Leben und verschleuderte
sein Vermögen.

↗

Als er alles durchgebracht hatte,
kam eine große Hungersnot über jenes Land und er begann,
Not zu leiden.
Da ging er zu einem Bürger des Landes und drängte sich ihm auf;
der schickte ihn aufs Feld zum Schweinehüten.
Er hätte gern seinen Hunger mit den Futterschoten gestillt,
die die Schweine fraßen; aber niemand gab ihm davon.
Da ging er in sich und sagte:
Wie viele Tagelöhner meines Vaters haben Brot im Überfluss,
ich aber komme hier vor Hunger um.
Ich will aufbrechen und zu meinem Vater gehen und zu ihm sagen:
Vater, ich habe mich gegen den Himmel und gegen dich versündigt.
Ich bin nicht mehr wert, dein Sohn zu sein;
mach mich zu einem deiner Tagelöhner!
Dann brach er auf und ging zu seinem Vater.
Der Vater sah ihn schon von Weitem kommen und er hatte
Mitleid mit ihm.
Er lief dem Sohn entgegen, fiel ihm um den Hals und küsste ihn.
Da sagte der Sohn zu ihm:
Vater, ich habe mich gegen den Himmel und gegen dich versündigt;
ich bin nicht mehr wert, dein Sohn zu sein.
Der Vater aber sagte zu seinen Knechten:
Holt schnell das beste Gewand und zieht es ihm an,
steckt einen Ring an seine Hand und gebt ihm Sandalen
an die Füße!
Bringt das Mastkalb her und schlachtet es;
wir wollen essen und fröhlich sein.
Denn dieser, mein Sohn, war tot und lebt wieder;
er war verloren und ist wiedergefunden worden.

Und sie begannen, ein Fest zu feiern.
Lk 15,11–24

Hinweis auf das *Bild »Heimkehrender Sohn«*

Liebe Seniorinnen und Senioren,
für den jüngeren Sohn war das bestimmt ein schweres Heimkommen. Selbstsicher und erwartungsfroh war er ausgezogen von zu Hause, voller Pläne und Träume. Und nun kommt er wieder heim. Nicht als gemachter Mann, wie er sich das vielleicht vorgestellt hatte, sondern als Versager; gescheitert auf der ganzen Linie, eine erbärmliche Elendsgestalt.
Was wird der Vater sagen, wenn er so wieder heimgeschlichen kommt? Wie wird er reagieren? Hält er ihm eine ordentliche Standpauke? Oder wirft er ihn gar wieder hinaus?
Der Sohn weiß, dass er nichts zu erwarten hat. In Gedanken hat er sich schon Worte zurechtgelegt, um den Zorn des Vaters zu beschwichtigen. »Ich bin nicht mehr wert, dein Sohn zu sein; mach mich zu einem deiner Tagelöhner!«, möchte er ihm sagen. D. h. »Ich weiß, dass ich keine Ansprüche mehr zu stellen habe, aber ich möchte einfach heim, ich möchte zu Hause sein bei dir, denn dort ist es besser als überall sonst.«
Manchmal muss man vielleicht raus, weg von daheim, um es wieder neu schätzen zu lernen. Und vielleicht auch, um zu merken, wo man wirklich zu Hause ist.
Das Heimkommen gestaltet sich für den Sohn dann ganz anders als erwartet. Der Vater sieht ihn von ferne kommen. Er läuft ihm entgegen und schließt ihn in seine Arme, bevor der Heimkehrer auch nur ein Wort sagen kann.

Hinweis auf das Bild »Umarmung des Vaters«

Schöner kann man sich heimkommen nach einer solchen Zeit nicht vorstellen! Obwohl der Sohn überraschend und unangemeldet, dazu in einem ziemlich erbärmlichen Aufzug erscheint, merkt er, dass er erwartet wird. Der Vater hat auf ihn gewartet. Und das zeigt, dass er ihn immer in seinem Herzen und seinen Gedanken hatte. Ja, es sieht so aus, als hätte er jeden Tag Ausschau gehalten nach seinem geliebten Kind. Und jetzt zählt für den Vater nur, dass der Sohn wieder da ist. Sein Erscheinungsbild ist unwichtig. Was er in der Fremde getrieben hat, auch. Wichtig ist nur die Tatsache, dass er heimkommt. Es gibt auch keine Fragen oder Vorwürfe wie: Wo kommst du denn her? Wie siehst du eigentlich aus? Was hast du getrieben? Der Vater schließt den heimkehrenden Sohn einfach in die Arme. Das bedeutet doch: Ich bin froh, dass du wieder da bist. Du bist herzlich willkommen, ganz egal wie du aussiehst und was du getan hast. Du bist mein Kind. Hier ist dein Zuhause. Hier darfst du sein, hier bist du angenommen und geliebt.

Das ist für mich die volle Bedeutung, vielleicht der Traum von »Heimkommen« und »Zu-Hause-Sein«.

Ich denke, Jesus zeigt mit diesem Gleichnis nicht nur Gottes Liebe und seine Vergebungsbereitschaft. Er zeigt uns auch, dass wir bei Gott, unserem Vater, ein Zuhause haben, wohin wir jederzeit kommen können. Und wir dürfen kommen, so wie wir sind. Mit allem, was in unserem Leben schiefgelaufen ist, mit aller Schuld, allem Versäumten und Unfertigen. Aber auch mit allem, was uns Freude macht, was uns wichtig ist, wofür wir dankbar sind und mit unserer ganz speziellen Eigenart.

Es ist gut zu wissen, dass wir dieses Zuhause bei Gott haben. Denn oft genug ist das, was wir hier Zuhause nennen – wie alles auf dieser Erde – unvollkommen und bruchstückhaft. Unsere tiefste, letzte Sehnsucht nach Heimkommen, nach Ruhe, nach Geliebt- und Angenommensein kann letztlich nur Gott selbst stillen. Er ist unser Vater, der uns liebt und uns im Herzen trägt, egal wo wir sind. Er hält täglich nach uns Ausschau und wartet darauf, dass wir heimkommen zu ihm. Damit er uns in die Arme schließen kann und uns willkommen heißt dort, wo wir zu Hause sind. Amen.

Fürbittgebet:

Gott, unser Vater,
wir danken dir dafür, dass du täglich an uns denkst. Lass auch uns nicht vergessen, täglich an dich zu denken. Denn bei dir ist unsere Heimat. Vor allem dann, wenn wir uns hier auf dieser Welt fremd und verloren fühlen. Bei dir finden wir Ruhe, Frieden und Geborgenheit.
Wir denken heute an alle, denen es schlecht geht und die sich nach Frieden, nach Heimat und Erlösung sehnen:

- an die Flüchtlinge, die fern der Heimat leben,
- an die Menschen, die von ihrer Familie getrennt sind,
- an alle, die unter Krieg und Gewalt leiden,
- an die Kranken und die Sterbenden.

Lass sie und uns immer wieder neu spüren, dass wir bei dir zuhause sein dürfen und dass du unser Zuhause bist. Denn von dir kommen wir und zu dir gehen wir, du, unser Vater von Ewigkeit zu Ewigkeit. Amen.

Vaterunser

Lied: Allein Gott in der Höh' sei Ehr', Str. 1–2 (GL 170 / EG 179)

Segen:

Der Herr segne euch und behüte euch.
Er schaffe euch Rat und Schutz in allen Ängsten.
Er gebe euch den Mut und die Kraft, auch schwere Wege zu gehen.
Er schenke euch die Gewissheit, einst heimzukommen.

So segne euch Gott, der Vater, der Sohn und der Heilige Geist.
Amen.

Schlaflose Nächte

Wachen und beten – Mt 26,41

Material:

- Bild vom ersten Morgenlicht noch vor Sonnenaufgang, entweder in DIN A3 oder in Postkartengröße für jeden Teilnehmer

Begrüßung und Votum

Lied: Aus meines Herzens Grunde, Str. 1–2 (GL 86 / EG 443)

Gebet:

Gott, unser Vater,
wir danken dir für die Ruhe der Nacht und dass du uns vor allem Bösen bewahrt hast. Wir danken dir für das Licht des neuen Tages. Du selbst bist das Licht. Vertreibe die Dunkelheit aus unseren Herzen. Alles, was uns bedrückt und beschäftigt, erhelle mit dem Licht deiner Liebe. Sei mit uns alle Stunden dieses Tages und auch in den Stunden der Nacht.
Öffne nun unsere Herzen für deine Gegenwart und dein Wort, damit es uns ein Licht wird auf unserem Weg und unser Leben erhellt. Amen.

Psalm:

Ich hoffe auf den Herrn, es hofft meine Seele,
ich warte auf sein Wort.
Meine Seele wartet auf meinen Herrn
mehr als Wächter auf den Morgen,
ja, mehr als Wächter auf den Morgen.
Ps 130,5–6

Einführung:

→ Dieses ungeduldige Warten auf den Morgen, wie es hier im Psalm beschrieben wurde, kennen Sie das auch?

Ich kenne das von schlaflosen Nächten. Von Nächten, in denen Sorgen, Krankheit oder Schmerzen mir den Schlaf rauben. Sie kennen dazu noch die Bombennächte im Krieg, in denen man voller Angst im Bunker oder Keller ausgeharrt hat. Solche schlaflosen Nächte können sich geradezu endlos langziehen. In ihnen empfinden wir die Dunkelheit meist besonders stark. Vieles wirkt viel bedrohlicher als am Tag. Es fühlt sich oft an wie ein Kampf mit den eigenen Gespenstern und den Geistern der Nacht.

Das Bild »Erstes Morgenlicht« wird in die Mitte gelegt oder verteilt.

Doch wenn endlich das erste Morgenlicht am Horizont sichtbar wird, verschwinden die trüben und angstvollen Gedanken meist. Das neue Licht des Morgens bringt neue Hoffnung und neue Zuversicht. In der Tradition der Kirche ist Christus das Morgenlicht, das unsere Nacht vertreibt.

Lied: Morgenglanz der Ewigkeit, Str. 1–3 (GL 84 / EG 450)

Schriftwort und Ansprache:

Liebe Seniorinnen und Senioren,
wir alle kennen schlaflose Nächte. Und möglicherweise geht es Ihnen genauso wie mir: Ich mag sie nicht, denn ich will und brauche meinen Schlaf. Schlaf ist ein ganz wichtiges Grundbedürfnis von uns Menschen. Das wollen wir nicht so einfach hergeben. – Einfach?

Wenn ich darüber nachdenke, dann sind es meist wichtige Dinge, die uns den Schlaf rauben. In den Bombennächten im Luftschutzkeller war das Leben akut bedroht. Wenn ein Baby nachts weint und gestillt und getröstet werden muss, ist das durchaus wichtig. Und wenn Gedanken und Sorgen uns wachhalten, dann sind es meist ernste Dinge, die uns umtreiben und nicht zur Ruhe kommen lassen. Auch eine Krankheit oder Schmerzen, die uns wachhalten, sind nicht auf die leichte Schulter zu nehmen.

Bei anderen Gelegenheiten verzichten wir sogar freiwillig auf unseren Schlaf. Meist aus Liebe. Denn auch dann geht es um Wichtiges. Wenn wir z. B. einem anderen in seiner Schlaflosigkeit beistehen oder am Bett eines Schwerkranken oder Sterbenden wachen.

Zu manchen Zeiten gibt es also immer mal wieder Dinge, die wichtiger sind, als unser Schlaf.

Auch Jesus hatte schlaflose Nächte. Besonders gut kennen wir diese Nacht vor seiner Gefangennahme. Die Nacht in Gethsemane. Auch hier geht es ums Ganze. Jesus weiß, dass seine Verhaftung und sein Tod nahe bevorstehen. Damit muss er sich nun auseinandersetzen. Er nimmt drei seiner Jünger mit sich und bittet sie, mit ihm zusammen zu wachen und zu beten. Er selbst geht noch ein Stück weiter, um mit seinem Vater zu sprechen.

Und er ging zu den Jüngern zurück und fand sie schlafend.
Da sagte er zu Petrus: Konntet ihr nicht einmal eine Stunde
mit mir wachen?
Wacht und betet, damit ihr nicht in Versuchung geratet!
Der Geist ist willig, aber das Fleisch ist schwach.
Mt 26,40–41

Wir kennen diese Geschichte. Die Jünger schlafen ein. Sie schaffen es nicht, wach zu bleiben. Dann kommt Jesus und gibt ihnen diesen eindringlichen Rat, der für die Christen zu allen Zeiten bedeutsam war und ist: »Wacht und betet.«
Wachen heißt, vor den schwierigen, unangenehmen und dunklen Dingen im Leben nicht wegzulaufen, sondern ihnen in die Augen zu schauen. Es heißt, sie klar zu erkennen und ernst zu nehmen. Und bereit sein, sich damit auseinanderzusetzen. So wie auch Jesus das tut.
Das ist oft schwierig. Gut ist es, wenn man Menschen hat, die zusammen mit einem wachen, die einem zur Seite stehen. Aber das geht nicht immer. Bei Jesus hat es auch nicht geklappt. Doch Jesus weiß: Es gibt immer einen, der bereit ist, in den dunklen Stunden mit uns zu wachen. Das ist sein und unser Vater im Himmel, unser Gott, der nie schläft. An Ihn wendet sich Jesus in dieser Nacht, in der er mit Gott, seinem Auftrag und seinem Schicksal ringt. Und er rät uns, dasselbe zu tun: »Betet, damit ihr nicht in Versuchung geratet!«
Gerade in den dunklen Stunden unseres Lebens können und dürfen wir uns Gott anvertrauen. Wir sollen ihn in unsere Angst, unsere Sorgen, unseren Kummer und unsere Schmerzen mit hineinnehmen. Das geschieht, wenn wir beten und Gott alles an-

vertrauen, was uns umtreibt. So wie Jesus es in Gethsemane gemacht hat. Und das ist oft schon die erste Hilfe und Erleichterung. Denn im Gebet haben wir doch immer beides zugleich: Ringen und Trost, Verlassenheit und Paradies, Anfechtung und Gewissheit. Wir sind zwar voller Angst, Schmerzen und Zweifel, doch wir sind nicht allein. Der, dessen Liebe den Tod besiegt hat, hört uns und wacht mit uns.
So kann dieses Bild der Morgendämmerung ein Bild für das Gebet sein. Noch ist Nacht und Dunkel, doch im Beten sind wir mit Gott verbunden. Wir schauen schon sein Licht, das Osterlicht, das Licht der Erlösung. Jesus, der alles Dunkel besiegt hat, ist bei uns. Er ist unser Licht. Und es leuchtet in unserer Finsternis. Amen.

Fürbitten:
Gott, unser Vater,
viel Kummer und Not gibt es auf dieser Welt. Voller Sehnsucht warten wir auf den neuen Morgen, den du uns schenken möchtest. Sei du uns jetzt schon das Licht, das unsere Nacht erhellt.
- Wache du mit allen, die wachen oder weinen in der Nacht.
- Wache mit den Kranken und Traurigen, mit den Verzweifelten und Suchenden.
- Ganz besonders bitten wir dich: Wache mit allen, denen Krieg und die Angst um ihr Leben den Schlaf rauben.

Erhelle ihre Finsternis mit deiner Liebe und Nähe und lass über ihnen das Licht deiner Erlösung aufgehen. Amen.

Vaterunser

Lied: Nun danket all und bringet Ehr, Str. 1–3+5 (GL 403 / EG 322)

Segen:

Gott, euer Vater,
sei euch nahe
am Tag und in der Nacht.

Er wache mit euch
in euren schweren Stunden.

Er lasse das Licht seines neuen Tages
über euch aufgehen.

So segne und behüte euch
der Vater und der Sohn und der Heilige Geist. Amen.

Das Leid annehmen

Ankündigung von Leid und Auferstehung – Mk 8,31–33

Material:

- ein Kreuz mit Corpus
- Blumen
- ein schwarzes und ein gelbes Tuch

Begrüßung und Votum

Lied: Morgenglanz der Ewigkeit, Str. 1+3–4 (GL 84 / EG 450)

Gebet:

Herr, unser Gott,

zu dir kommen wir an diesem Tag und danken dir für deine Gegenwart. Nimm alles weg, was uns von dir trennt, damit wir nun ganz bei dir sein können. Oftmals verstellt uns das Leid den Blick auf dich. Wir sehen nur unsere Einsamkeit, unsere Schmerzen und Ängste, unseren Kummer und die Not der Welt. Öffne nun unseren Blick für deine Güte, deine Nähe und Hilfe. Lass uns dein Licht und deine Liebe erkennen. Wir verstehen deine Wege oft nicht. Hilf uns trotzdem, darauf zu vertrauen, dass du den Weg für uns weißt und ihn mit uns gehen wirst. Amen.

Einführung:

Schon einige Zeit sind die Jünger mit Jesus unterwegs. Sie haben viele wunderbare Dinge mit ihm erlebt. Immer wieder haben sie gesehen, wie er dem Leid der Menschen entgegengetreten ist. Er hat den Menschen von der Liebe Gottes erzählt, hat Kranke und Besessene geheilt, Ausgestoßene in die Gemeinschaft zurückgebracht, ja sogar Tote auferweckt.

→ Gab es auch in Ihrem Leben Momente oder Ereignisse, in denen Sie erleben durften, dass Jesus Leid besiegt?

Jetzt ist Jesus mit seinen Jüngern auf dem Weg nach Jerusalem. Dort wird er seinen Auftrag vollenden, aber ganz anders als die Jünger sich das vorstellen. Er selbst wird vom Leiden nicht verschont bleiben.

Psalm:

Mein Gott, mein Gott, warum hast du mich verlassen,
bleibst fern meiner Rettung, den Worten meines Schreiens?
Mein Gott, ich rufe bei Tag, doch du gibst keine Antwort;
und bei Nacht, doch ich finde keine Ruhe.
Aber du bist heilig,
du thronst über dem Lobpreis Israels.
Dir haben unsere Väter vertraut, sie haben vertraut
und du hast sie gerettet.
Zu dir riefen sie und wurden befreit,
dir vertrauten sie und wurden nicht zuschanden.
Ps 22,2–6

Lied: Was Gott tut, das ist wohl getan, Str. 1–2 (GL 416 / EG 372)

Schriftwort und Ansprache:

Dann begann er, sie darüber zu belehren:
Der Menschensohn muss vieles erleiden
und von den Ältesten, den Hohepriestern und den Schriftgelehrten verworfen werden;
er muss getötet werden und nach drei Tagen auferstehen.
Und er redete mit Freimut darüber.
Da nahm ihn Petrus beiseite und begann, ihn zurechtzuweisen.
Jesus aber wandte sich um, sah seine Jünger an
und wies Petrus mit den Worten zurecht:
Tritt hinter mich, du Satan!
Denn du hast nicht das im Sinn, was Gott will,
sondern was die Menschen wollen.
Mk 8,31–33

Liebe Seniorinnen und Senioren,
bevor sie sich auf den Weg nach Jerusalem machen, kündigt Jesus seinen Jüngern an, was ihn dort erwarten wird: Verhaftung, Verurteilung, Leid und Tod.

Das Kreuz wird auf das schwarze Tuch in die Mitte gestellt.

Petrus ist von dieser Aussicht überhaupt nicht begeistert und nimmt Jesus zur Seite. Er möchte ihn von diesem Weg abbringen und eine Entwicklung, wie Jesus sie hier ausmalt, verhindern.
Ich kann Petrus sehr gut verstehen. Natürlich möchte er nicht, dass Jesus von den Mächtigen verurteilt, misshandelt und umgebracht wird. Er liebt und schätzt Jesus. Deswegen möchte er ihn vor diesem schlimmen Schicksal bewahren. ↗

Genauso geht es uns mit den Menschen, die wir lieben und natürlich auch mit uns selbst. Wir möchten uns und andere vor Leid bewahren. Wir wollen Leid abwenden, wo es nur geht. Und doch müssen wir immer wieder die Erfahrung machen, dass das nicht – oder nur eingeschränkt – möglich ist. Leid gehört zu unserem Leben dazu. Weil die Welt nun mal ist, wie sie ist und die Menschen sind, wie sie sind, kommen wir in unserem Leben um schmerzvolle Erlebnisse und Erfahrungen nicht herum.

Genauso geht es auch Jesus. Er lebte ja in dieser Welt. Vielleicht hätte er sich zurückziehen können oder seine Macht einsetzen, um seinem Leidensweg zu entgehen. Und vielleicht ist es genau das, was Petrus ihm rät, als er ihn zur Seite nimmt. Doch davon will Jesus nichts hören. Er weist Petrus ganz ungewohnt heftig zurück: »Weg mit dir, Satan! Dir geht es nicht um das, was Gott will, sondern um das, was Menschen wollen.«

Menschen wollen Leid oft um jeden Preis vermeiden. Dafür sind sie bereit, eine Menge zu tun. Und nicht selten entsteht daraus neues oder anderes Leid. Jesus aber ist bereit, den Leidensweg auf sich zu nehmen, zu dem ihn sein Leben und sein Auftrag geführt haben. Das zeigt: Es geht ihm nicht um sich selbst. Es ist ihm nicht wichtig, selbst ein bequemes und leidfreies Leben zu führen und sich im Glanz seiner Macht und Größe zu sonnen. Ihm geht es um das Reich Gottes und um uns. Er will, dass Gottes Wille und seine Liebe zu allen Menschen kommen, denn nur sie machen die Menschen frei und glücklich. Dafür setzt Jesus sich ein, ohne an sein eigenes Leben zu denken. Er weiß, dass er so in Konflikt kommt mit der Welt und ihren Mächtigen. Jesus ist klar, dass sie ihn töten werden. Und er hat akzeptiert, dass das

zu seinem Weg dazugehören wird. Doch das Reich Gottes und auch wir waren ihm diesen Preis wert.
Jesus ist kein Messias, der über der Erde schwebt und sich die Hände nicht schmutzig macht. Er befreit und rettet uns, indem er das Leid mit uns teilt und selbst in die Abgründe von Hass, Gewalt und Schmerz hinabsteigt. So kann niemand mehr sagen, Gott würde sein Leid nicht kennen. Aus lauter Liebe ist Jesus unser Bruder im Leid geworden. So erfüllt er Gottes Willen.
Aber das ist nicht alles. Vielleicht hat Petrus die zweite Hälfte der Ankündigung Jesu nicht so richtig gehört oder verstanden. Und die ist ja auch ungewöhnlich und schwer zu begreifen. Ich fürchte, auch wir hören hier oft nur die Rede vom Leid. Doch Jesus kündigt in demselben Satz auch an, er werde am dritten Tag vom Tod auferstehen. Und das gehört zu dem Leid, das er auf sich nimmt, ganz eng dazu und ist die eigentliche Pointe. Die dürfen wir nicht vergessen. Selbst wenn das Leid zum Leben dazugehört, es hat nicht das letzte Wort.

Das gelbe Tuch wird in die Mitte gelegt, sodass es das schwarze zur Hälfte verdeckt. Die Blumen werden am Fuß des Kreuzes über beide Tücher verteilt.

Jesus konnte das Leid, das ihn auf seinem Lebensweg erwartet, auch deswegen annehmen, weil er sich sicher war, dass Gott das Leid verwandeln kann und wird. Er vertraute ganz auf Gott, auf seine Liebe und Lebenskraft. Darauf, dass er sogar aus Leid und Tod Gutes, Wertvolles und neues Leben entstehen lassen kann. Und dass Liebe niemals vergeblich oder verloren ist. Liebe ist stärker als der Tod. Der Schlusspunkt der Passionszeit ist nicht

Karfreitag, sondern Ostern. Es gibt Zeiten voll Schmerz und Leid, aber sie sind nicht das Ende für den, der sich Gott anvertraut.
Dieses Beispiel, dieser Weg Jesu, macht mir immer wieder Mut, mein eigenes Leid in diesem Leben anzunehmen, mein Kreuz auf mich zu nehmen. Wie Jesus möchte ich lernen zu vertrauen, dass Gott auch mein Leid und meinen Schmerz verwandeln wird, dass er daraus neues Leben entstehen lässt. Und ich möchte darauf vertrauen, dass mein Leben seinen Sinn und seine Erfüllung finden wird; auch durch Leid und Tod hindurch. Amen.

Fürbitten:

Herr Jesus Christus,
in dieser Welt können wir dem Leid nicht entgehen. Wir danken dir, dass du das auch nicht getan hast, sondern dass du durch Leid und Tod hindurchgegangen bist. So dürfen wir dich in schweren Zeiten an unserer Seite wissen.

- Wir bitten dich: Stehe allen bei, die gerade eine schwere und schmerzvolle Zeit durchleben müssen.
- Wir denken an die Verzweifelten, die nicht wissen, wie es weitergehen soll.
- Wir denken an die, die hilflos Krieg und Gewalt ausgeliefert sind.
- Wir denken an die Kranken und Sterbenden und an ihre Angehörigen.

Lass sie deine Nähe und Stärkung erfahren. Und nach dem Dunkel von Schmerz und Leid lass ihnen dein Licht leuchten und schenke ihnen ein neues Leben aus deiner Kraft und Liebe. Amen.

Vaterunser

Lied: Wer unterm Schutz des Höchsten steht, Str. 1–3 (GL 423)
oder Von Gott will ich nicht lassen, Str. 1–3 (EG 365)

Segen:

Der Herr segne euch und behüte euch.
Der Herr lasse sein Angesicht leuchten über euch
und sei euch gnädig.
Der Herr erhebe sein Angesicht über euch
und schenke euch seinen Frieden. Amen.

Gott kennt mich

Der gute Hirte – Joh 10,11–15

Material:

- Egli-Figuren (ein Hirte und drei Schafe)
- ein grünes, braunes und blaues Tuch
- Hirtenstab
- Kreuz

Der Hirte wird (ohne Stab) auf das braune Tuch gestellt, die Schafe etwas entfernt von ihm.

Begrüßung und Votum

Lied: Nun jauchzt dem Herren alle Welt, Str. 1–3 (GL 144 / EG 288) *oder* Wir wollen alle fröhlich sein, Str. 1–3 (GL 326 / EG 100)

Gebet:

Herr, unser Gott,
wir sind heute zusammengekommen, um bei dir zu sein und auf dein Wort zu hören. Manchmal fühlen wir uns in unserem Leben hilflos und verloren. Doch du bist der gute Hirte, der uns unser ganzes Leben begleitet hat. Du versorgst uns auch in Zeiten der Not mit allem Lebensnotwendigen. Du trägst uns durch schwere Zeiten und stärkst uns, damit wir weitergehen können, wenn wir müde und schwach sind. Du stellst uns Menschen zur Seite, die mit uns unterwegs sind. Du bewahrst uns vor Gefahren. Du gehst uns nach, wenn wir verloren sind. Wir wollen dir danken für alles

Gute, das du uns bisher getan hast. Bei dir wollen wir bleiben, denn bei dir sind das Leben, die Freude und die Zuversicht. Amen.

Einführung:

Wir hören im heutigen Evangelium, dass Jesus von sich als dem guten Hirten spricht. Das Bild vom guten Hirten ist, wie ich finde, eins der schönsten und ansprechendsten Bilder für Gott. Es zeigt: So wie ein Hirte für seine Schafe sorgt, so sorgt auch Gott für uns.

→ Erinnern Sie sich an Momente, in denen Sie Gott als guten Hirten erlebt haben?

Wir alle wissen: Auch als Erwachsene braucht man immer wieder jemanden, der für einen da ist, der sich um einen kümmert, der einem hilft, den rechten Weg zu finden. Jemanden, bei dem man gut aufgehoben ist. Gerade auch dann, wenn man selber Verantwortung hat und für andere sorgen muss.

→ Wer war in Ihrem Leben für Sie solch ein Begleiter?

Für uns alle ist Gott der gute Hirte. Besonders schön ist das formuliert im Psalm 23, den bestimmt viele von Ihnen auswendig kennen.

Und so wollen wir heute diesen Psalm gemeinsam beten:

Psalm:

Der Herr ist mein Hirt,
nichts wird mir fehlen.
Er lässt mich lagern auf grünen Auen
und führt mich zum Ruheplatz am Wasser.
Meine Lebenskraft bringt er zurück.
Er führt mich auf Pfaden der Gerechtigkeit,
getreu seinem Namen.
Auch wenn ich gehe im finsteren Tal,
ich fürchte kein Unheil;
denn du bist bei mir,
dein Stock und dein Stab, sie trösten mich.
Du deckst mir den Tisch
vor den Augen meiner Feinde.
Du hast mein Haupt mit Öl gesalbt,
übervoll ist mein Becher.
Ja, Güte und Huld werden mir folgen mein Leben lang
und heimkehren werde ich ins Haus des Herrn
für lange Zeiten.
Ps 23,1–6

*Zu beachten ist, dass evangelische Teilnehmer diesen Psalm in der ihnen bekannten Version der Luther-*Übersetzung *sprechen werden.*

Lied: Ich lobe meinen Gott, Str. 1–2 (GL 400 / EG 272)

Schriftwort und Ansprache:

Ich bin der gute Hirt.
Der gute Hirt gibt sein Leben hin für die Schafe.
Der bezahlte Knecht aber,
der nicht Hirt ist und dem die Schafe nicht gehören,
sieht den Wolf kommen, lässt die Schafe im Stich und flieht;
und der Wolf reißt sie und zerstreut sie.
Er flieht, weil er nur ein bezahlter Knecht ist und ihm an
den Schafen nichts liegt.
Ich bin der gute Hirt; ich kenne die Meinen und die Meinen
kennen mich,
wie mich der Vater kennt und ich den Vater kenne;
und ich gebe mein Leben hin für die Schafe.
Joh 10,11–15

Liebe Seniorinnen und Senioren,
woran erkennt man einen guten Hirten? Im Psalm 23 werden schon einige Eigenschaften genannt.

Gemeinsam mit den Bewohnern wird daran erinnert, was erwähnt wurde:

Er sorgt für Futter.

Das grüne Tuch wird dazugelegt und die Schafe daraufgestellt.

Er sorgt für Wasser.

Das blaue Tuch wird gefaltet und als Symbol für einen Bach danebengelegt.

Er beschützt sie.

Der Hirtenstab wird dem Hirten in die Hand gegeben.

In dem Abschnitt aus dem Johannes-Evangelium, den wir gerade gehört haben, kommt nun noch etwas dazu. Jesus sagt: »Ich bin der gute Hirte. Der gute Hirte gibt sein Leben hin für die Schafe.« Das heißt: Er setzt sich für sie ein bis zum Letzten; er gibt alles, was er hat und ist – sogar das eigene Leben.

Das Kreuz wird neben den Hirten gestellt.

Aber warum tut er das? Warum bringt er so viel mehr Einsatz als der gemietete Hirte, der ja durchaus auch für frisches Wasser und gute Weide sorgt?
»Ich kenne die, die zu mir gehören«, sagt Jesus.
Der gemietete Hirte kennt die Schafe nicht. Für ihn sind sie eine anonyme Masse – Schafe halt. Er hat keine Beziehung zu ihnen und deswegen ist ihm das einzelne letztendlich gleichgültig.
Anders dagegen Jesus, der gute Hirte. Er kennt seine Schafe. Er hat eine persönliche Beziehung zu ihnen. Jesus kennt jeden einzelnen von uns.

Der Hirte wird nahe zu den Schafen gestellt, sodass er sie liebevoll berührt.

Aber was heißt das eigentlich, dass Jesus uns *kennt*?

Als erstes kennt Jesus unseren Namen. Damit werden wir aus der anonymen Menge herausgehoben. Für Jesus sind wir nicht irgendwer, sondern eine ganz bestimmte, unverwechselbare Person, die man von anderen genau unterscheiden kann. Gott ruft jeden von uns bei seinem Namen, heißt es in der Bibel. Und so geschah es auch bei uns bei unserer Taufe. Gott hat jeden von uns mit seinem Namen gerufen.

Er kennt uns. Er kennt unsere Vorlieben und Abneigungen, unsere besonderen Begabungen. Er weiß, was wir gerne machen und was nicht so gerne, was uns traurig macht und was uns freut. Aber es gibt ein Kennen, das noch tiefer geht und das mit zunehmendem Alter immer wichtiger wird: Jesus kennt unsere Lebensgeschichte. Er weiß, wo wir herkommen, welchen Weg wir gegangen sind, welche Menschen und Ereignisse uns geprägt haben, warum wir heute dort sind, wo wir sind und warum wir jetzt so sind, wie wir eben sind. Er weiß um die guten und wertvollen Beziehungen in unserem Leben und um die, die zerbrochen sind. Er weiß, was uns gelungen ist und was schmerzlich danebenging. Er weiß, was wir gewonnen und was wir verloren haben. Er war bei uns in den guten Zeiten und in den Zeiten der Not. Er hat uns ja unseren ganzen Lebensweg lang als unser Hirte begleitet. Auch Sie, denke ich, haben ihn in dieser Zeit ein Stück weit kennengelernt. Und so ist über die Zeit Ihres Lebens hinweg eine Beziehung gewachsen. »Ich kenne die, die zu mir gehören und sie kennen mich«, sagt Jesus. Und weil (oder obwohl) er uns so gut kennt, sind wir ihm wertvoll. Er liebt uns. Deswegen läuft er nicht weg, wenn Gefahr droht, wenn es schwierig wird, wenn es ums Ganze geht. Gerade dann zeigt er sich als der gute Hirte, der für uns kämpft, der sogar sein Leben für uns einsetzt. Bei ihm sind wir aufgehoben mit unserer ganzen Lebensgeschichte. Und er, der uns so viele Jahre begleitet hat, wird auch weiterhin an unserer Seite sein, als unser Hirte, der uns begleitet, für uns sorgt und um uns kämpft unter Einsatz seines Lebens. Einen besseren Begleiter können wir uns nicht wünschen. Amen.

Fürbitten:

Herr Jesus, du bist der gute Hirte, der alle seine Schafe kennt und liebt. So wollen wir dich bitten für die Fernen und die Nahen, für die, mit denen wir nicht zurechtkommen und für die, die uns am Herzen liegen:

- Gib denen zu essen, die Hunger leiden.
- Erquicke die Seelen derer, die müde geworden sind vor Kummer, verwirrt von Zweifel, krank vor Sorge oder gelähmt von Angst.
- Alle, die sich verirrt haben, die den Weg verloren haben oder auf Abwege geraten sind, führe auf neue, gute Wege.
- Sei nahe allen, die durch ein finsteres Tal voller Gefahren und Angst gehen müssen; beschütze sie vor allem Übel.

Begleite uns auch weiter mit deiner Barmherzigkeit, stärke uns an deinem Tisch. Und wenn unser Weg zu Ende geht nimm uns auf bei dir, im Hause des Vaters. Amen.

Vaterunser

Lied: Ach bleib mit deiner Gnade, Str. 1–2+4 (GL 436 / EG 347)

Segen:

Der Herr, unser Hirte, sei vor dir,
um dir den rechten Weg zu zeigen.

Der Herr sei neben dir,
um dich in die Arme zu schließen
und dich zu schützen vor Gefahren.

Der Herr sei hinter dir,
um dich zu bewahren vor der Heimtücke des Bösen.

Der Herr sei unter dir,
um dich aufzufangen, wenn du fällst.

Der Herr sei mit dir,
um dich zu trösten, wenn du traurig bist.

Der Herr sei um dich herum,
um dich zu verteidigen, wenn andere über dich herfallen.

Der Herr sei über dir,
um dich zu segnen.

So segne und behüte euch alle
der Vater und der Sohn und der Heilige Geist. Amen.
Irischer Segen

Gemeinsam mit Gott verbunden

Das »Vaterunser« – Mt 6,9–13

Material:

- langes Kletterseil mit Karabiner
- ein Kreuz (sofern nicht schon ohnehin eines auf dem Altar oder im Raum vorhanden ist)

Begrüßung und Votum

Lied: Aus meines Herzens Grunde, Str. 1–2 (GL 86 / EG 443) *oder* Wir wollen alle fröhlich sein, Str. 1–2 (GL 326 / EG 100)

Gebet:

Gott, unser Vater,
wir freuen uns, dass wir heute wieder zum gemeinsamen Gottesdienst zusammenkommen können. Wir sehnen uns nach deiner Nähe. Du bist unsere Hoffnung und unser Halt, wenn Nöte, Ängste und Sorgen uns treffen. Du bist uns nahe, auch wenn wir das nicht immer spüren können. Wir danken dir für alle Menschen, alle Worte und alle Zeichen, die uns immer wieder an deine Nähe erinnern und durch die wir deine Liebe erfahren können. Auch wenn wir manchmal abirren, zieh uns immer wieder zurück zu dir, dass wir immer mit dir verbunden bleiben. Wir bitten dich: Öffne unsere Augen und unsere Herzen für deine Gegenwart. Amen.

Einführung:

Ich habe Ihnen heute ein Kletterseil mitgebracht.

Zeigen.

Ein solches Seil braucht man, wenn man in den Bergen (oder auch in der Halle) klettern geht. Besonders an steilen und gefährlichen Stellen seilt man sich an. Voraus geht der erfahrene Bergsteiger, der die beste Stelle für den Aufstieg kennt. Alle anderen folgen ihm an dem Seil. Miteinander durch das Seil verbunden, bilden sie eine Seilschaft, die sich gegenseitig sichert. Wenn einer fällt oder abzustürzen droht, halten ihn die anderen, die gerade einen sicheren Stand haben, am Seil.

→ Was gibt Ihnen Halt? Woran konnten Sie sich in Ihrem Leben festhalten?

Viele Menschen finden ihren Halt bei Gott. So z. B. auch der Beter des folgenden Psalms.

Psalm:

Aber ich bin doch beständig bei dir,
du hast meine Rechte ergriffen.
Du leitest mich nach deinem Ratschluss,
danach nimmst du mich auf in Herrlichkeit.
Wen habe ich im Himmel außer dir?
Neben dir erfreut mich nichts auf Erden.
Mag mein Fleisch und mein Herz vergehen,
Fels meines Herzens und mein Anteil ist Gott auf ewig.
Ps 73,23–26

Lied: Lobe den Herren, Str. 1–3 (GL 392 / EG 316)

Schriftwort und Ansprache:

Als seine Jünger ihn fragten, wie sie beten sollen, antwortete Jesus ihnen:

So sollt ihr beten:
Unser Vater im Himmel,
geheiligt werde dein Name,
dein Reich komme,
dein Wille geschehe
wie im Himmel, so auf der Erde.
Gib uns heute das Brot, das wir brauchen!
Und erlass uns unsere Schulden,
wie auch wir sie unseren Schuldnern erlassen haben!
Und führe uns nicht in Versuchung,
sondern rette uns vor dem Bösen!
Mt 6,9–13

Liebe Seniorinnen und Senioren,
dieses Gebet, das Jesus seinen Jüngern hier beibringt, beten wir heute noch in jedem Gottesdienst. Eben weil es direkt von Jesus kommt, ist es das bekannteste und wichtigste Gebet, das wir haben. Jeder von Ihnen hat es schon als Kind gelernt und kennt es auswendig. Und so hat es Sie wohl Ihr Leben lang begleitet.
Was aber soll das mit dem Kletterseil zu tun haben, das ich Ihnen am Anfang gezeigt habe? Ich denke, viel und intensiv zu beten, war für Jesus ein ganz wichtiger und zentraler Bestandteil seiner engen Beziehung zum Vater. Das haben die Jünger mit der Zeit

gemerkt, als sie mit ihm unterwegs waren. Deshalb bitten die Jünger Jesus eines Tages, sie das Beten zu lehren. Auch sie möchten dem Vater so nahekommen, so eng mit ihm verbunden sein, wie Jesus es ist. Es ist also schon ein bisschen wie beim Klettern: Jesus ist der erfahrene Bergsteiger und die Jünger möchten gerne mit ihm auf den Gipfel, zu Gott, kommen. Und so gibt er ihnen ein Seil, an dem sie sich festhalten und ihm folgen können. Dieses Seil ist das Vaterunser.

Das Seil wird an dem Kreuz befestigt und dann durch die Reihe der Senioren gezogen, sodass sich alle daran festhalten können.

Das Vaterunser verbindet uns mit Jesus, weil er selbst es gebetet und uns hinterlassen hat. Und es nimmt uns mit hinein in die Beziehung mit seinem Vater. Denn es lehrt uns, uns ganz dem Willen des Vaters anzuvertrauen, so wie Jesus es auch tat. Heißt es doch in dem Gebet: »Geheiligt werde *dein* Name, *dein* Reich komme, *dein* Wille geschehe, wie im Himmel, so auf der Erde«. Im Zentrum stehen also zunächst Gott, sein Wille und sein Weg mit uns.
Doch das Vaterunser verbindet uns nicht nur mit Jesus. Es verbindet uns, wie in einer Seilschaft, auch mit allen anderen, die mit uns unterwegs sind. Mit allen, die Jesus zum Vater folgen wollen. Und das durch alle Konfessionen, alle Völker und alle Zeiten hindurch. Denn wenn Sie genau hinschauen, ist da nie nur von »ich« oder »mein« die Rede, sondern immer von »wir« und »uns«. »Gib *uns* heute das Brot, das *wir* brauchen! Und erlass *uns unsere* Schulden, wie auch *wir* sie *unseren* Schuldnern erlassen haben! Und führe *uns* nicht in Versuchung, sondern rette *uns* vor

dem Bösen!« Das heißt für mich: Niemand, der das Vaterunser betet, betet es allein oder für sich allein. Er betet es immer für alle, die mit unterwegs sind, und er selbst wird von den anderen in diesem Gebet mitgetragen. So sind wir nie allein, wenn wir das Vaterunser beten, sondern wir sind immer verbunden mit all jenen, die es auch beten.

Und noch ein letzter Gedanke: In dieses Seil können wir uns auch einfach mal hineinhängen und uns mitziehen lassen. Dann wenn wir müde sind, wenn wir nicht mehr können, wenn wir stolpern, hinfallen oder abzurutschen drohen, also in schwierigen Zeiten, in Zeiten der Not, wenn wir voller Fragen und Zweifel sind, wenn wir vielleicht kaum mehr beten können, wenn uns die Worte fehlen, dann können wir uns an diesen Worten Jesu festhalten. Dann können wir darauf vertrauen, dass dieses Gebet uns in aller Not und allen Zweifeln dennoch mit Gott verbindet, dass Jesus uns an diesem Seil fest bei sich hält und auch, dass unsere Mitchristen uns in diesem Gebet begleiten und mittragen.

So ist das Vaterunser wie ein Seil, an dem wir unser ganzes Leben lang entlanggegangen sind. Ein Seil, das uns hält und uns verbindet mit Jesus, unserem Herrn, und das uns helfen möchte, damit wir letztlich ankommen bei Gott, unserem Vater. Amen.

Fürbitten:

Gott, unser Vater, du liebst uns und du möchtest uns ein gutes und erfülltes Leben schenken.

- Hilf uns, dir ganz zu vertrauen, in allen unseren Nöten.
- Hilf uns, uns ganz deinem Willen und deiner Liebe anzuvertrauen, trotz aller Fragen und Ungewissheiten.
- Stärke uns für die Herausforderungen, die das Leben für uns bereithält.

In unserem Gebet vertrauen wir dir unsere Familien und Freunde an, alle, die uns am Herzen liegen und alle, die mit uns auf dem Weg sind. Und wir denken an alle, die es besonders schwer haben:

- an die Menschen, die in Kriegsgebieten leben oder ihre Heimat verlassen mussten,
- an die Einsamen und Verzweifelten,
- an die Kranken und Sterbenden.

Lass sie und uns erleben, dass du unser liebender Vater bist, dass Jesus Christus immer mit uns auf dem Weg ist, und dass dein Geist uns stärkt und begleitet alle Tage unseres Lebens. Amen.

Und nun wollen wir, verbunden mit unseren Familien und Freunden, mit allen Brüdern und Schwestern, miteinander und füreinander beten, wie unser Herr es uns gelehrt hat:

Vaterunser

Lied: Bewahre uns Gott, Str. 1–3 (GL 453 / EG 171)

Segen:

Die Liebe Gottes, die Jesus uns offenbart hat,
sei vor euren Augen ein lockendes Ziel,
in euren Herzen die treibende Kraft
und bleibe unter euren Füßen der tragende Grund.
(*Annette Jantzen*)

So segne und begleite euch alle Tage
der Vater und der Sohn und der Heilige Geist. Amen.

Ich muss abnehmen

Johannes der Täufer – Joh 3,28–31

Material:

- Christusbild oder -Ikone
- zweimal das gleiche Bild oder die gleiche Ikone von Johannes dem Täufer (einmal so groß wie das Christusbild und einmal deutlich kleiner)

Das Christusbild wird in die Mitte gestellt, direkt davor das kleine Bild des Täufers und schließlich das große Bild von Johannes so, dass es die beiden anderen verdeckt.

Begrüßung und Votum

Lied: Liebster Jesu, wir sind hier, Str. 1–3 (GL 149 / EG 161)

Gebet:

Herr, unser Gott,
die Sonne hat ihren höchsten Stand erreicht und die Tage werden langsam wieder kürzer. Das Licht nimmt ab, so wie auch wir abnehmen und unsere Kräfte nachlassen. Du, Herr, kennst unsere Schwäche und unsere Not. Du kommst uns entgegen mit deiner Macht und Liebe. Wo unser Licht weniger wird, da lass dein Licht hell leuchten. Wo wir schwächer werden, komm uns zu Hilfe mit deiner Kraft. Wo wir zweifeln und fragen, mach uns deiner Liebe gewiss.

Herr, stärke in dieser Stunde unseren Glauben und unser Vertrauen in dich, dass wir uns froh in deine Hände legen können. Amen.

Einführung:

Am 24.6. ist Johannestag. Früher wurde dieser Tag an einigen Orten noch gefeiert.

→ Kennen Sie Bräuche, mit denen man den Johannestag begangen hat?

Der Johannestag liegt im Jahreslauf dem Weihnachtsfest genau gegenüber, das ja am 24.12. gefeiert wird. Das ist kein Zufall. Weihnachten bildet das äußere Fest für die Wintersonnenwende, den astronomischen Zenit des Winters, die Tage werden ab dem 21.12. langsam länger und das Licht nimmt wieder zu. Zu Johanni feiern wir dagegen die Sommersonnenwende. Das Licht nimmt wieder ab und die Tage werden kürzer. Diese Platzierung des Festes lässt sich begründen mit einem Ausspruch von Johannes, dem Täufer. Mit Blick auf Jesus sagte er: »Ich muss abnehmen, er aber muss zunehmen.« Dieses Wort wollen wir heute gemeinsam betrachten.

Psalm:

Die Himmel erzählen die Herrlichkeit Gottes
und das Firmament kündet das Werk seiner Hände.
Ein Tag sagt es dem andern,
eine Nacht tut es der andern kund,
ohne Rede und ohne Worte,
ungehört bleibt ihre Stimme.
Doch ihre Botschaft geht in die ganze Welt hinaus,

ihre Kunde bis zu den Enden der Erde.
Dort hat er der Sonne ein Zelt gebaut.
Sie tritt aus ihrem Gemach hervor wie ein Bräutigam;
sie frohlockt wie ein Held, ihre Bahn zu laufen.
Am einen Ende des Himmels geht sie auf
und läuft bis ans andere Ende;
nichts kann sich vor ihrer Glut verbergen.
Ps 19,2–7

Lied: Das Jahr steht auf der Höhe (GL 465, 1–3)
oder Geh aus, mein Herz (EG 503, 1–2+8)

Schriftwort und Ansprache:

Liebe Seniorinnen und Senioren,
die Jünger von Johannes dem Täufer kommen zu ihm und erzählen, dass dieser Jesus, den er getauft hat, nun selber Schüler um sich schart und tauft. Und dass viele Menschen nun zu ihm gehen und ihm zuhören und nicht mehr dem Täufer. Aus ihren Worten kann man einen Vorwurf und Unwillen heraushören, aber auch die Frage, was ihr Meister, Johannes, dazu sagt. Und seine Antwort fällt – vielleicht – überraschend aus:

Johannes antwortete: Kein Mensch kann etwas nehmen,
wenn es ihm nicht vom Himmel gegeben ist.
Ihr selbst seid meine Zeugen, dass ich gesagt habe:
Ich bin nicht der Christus, sondern nur vor ihm hergesandt.
Wer die Braut hat, ist der Bräutigam;
der Freund des Bräutigams aber, der dabeisteht und ihn hört,
ist voller Freude über die Stimme des Bräutigams.

↗

Diese Freude hat sich nun bei mir vollendet.
Er muss wachsen, ich aber geringer werden.
Er, der von oben kommt, steht über allen;
wer von der Erde stammt, ist irdisch und redet irdisch.
Er, der aus dem Himmel kommt, steht über allen.
Joh 3,27–31

Manch einer wäre womöglich eifersüchtig oder wütend geworden, wenn er Konkurrenz bekommt. Oder auch depressiv, weil er ja an Bedeutung und Einfluss verliert. Johannes dagegen reagiert gelassen, ja sogar zustimmend, auf die Nachricht, dass Jesus lehrt, Schüler um sich schart und viele Menschen anzieht.
Ich denke, das ist etwas, was uns oft schwerfällt: einen Schritt zurückgehen, weniger machen und nicht mehr so wichtig sein. Ganz egal, ob das freiwillig geschieht oder gezwungenermaßen, weil es halt nicht mehr geht. Und das ist schon eine echte Herausforderung im Leben.
Doch Johannes der Täufer reagiert auf diese Herausforderung ganz entspannt. Er sagt nur: »Er muss wachsen, ich aber geringer werden.« Das heißt im Prinzip: »Das ist alles völlig in Ordnung so. Genauso war es gedacht.«

Das große Bild von Johannes wird weggenommen, sodass jenes Christusbild sichtbar wird, das von dem kleinen Johannesbild kaum verdeckt wird.

Johannes hat augenscheinlich keine Probleme damit, sich zurückzunehmen. Ich denke, das liegt daran, dass er um seine Rolle und seine Grenzen weiß.

»Ich bin nicht der Christus, ich bin nur vor ihm her gesandt«, sagt er zu seinen Jüngern. Johannes hat von Gott eine Aufgabe zugewiesen bekommen und die hat er nun erfüllt. Er hat die Menschen auf den Messias vorbereitet und hingewiesen. Also kann er sich nun zurücknehmen und mit Freude zuschauen, wie Jesus übernimmt. Und er sieht, wie Jesus von seiner guten Vorbereitung profitiert. Darauf kann er stolz sein. Er kann abgeben, weil er weiß: Was nun kommt, ist nicht mehr seine Aufgabe, sondern die von Jesus.

Und noch etwas ist Johannes klar: »Er, der vom Himmel kommt, steht über allen.« Jesus kommt vom Himmel. Er ist so eng mit dem Vater verbunden, dass wir sagen können, in ihm kommt Gott selbst zu uns. Deswegen weiß Jesus einfach viel mehr über Gott. Und durch seine Vollmacht hat er auch ganz andere Möglichkeiten. Wenn Johannes sich nun also zurücknimmt, macht er Gott selbst Platz und gibt ihm die Möglichkeit zu wirken.

Vielleicht kann der Blick auf Johannes uns helfen, wenn wir »geringer werden«, wenn wir merken, wir müssen nun einen Schritt zurückgehen.

Auf Johannes schauen heißt dann, die eigenen Grenzen annehmen. Es heißt hinzuschauen, was meine Aufgabe ist oder war und was ich jetzt getrost an andere abgeben kann. Es heißt aber auch, dankbar zu sein für die Aufgaben, die ich in meinem Leben erfüllen durfte und stolz auf das, was ich geleistet habe.

Und Johannes zeigt uns auch, dass Gott anfangen kann zu wirken, wo wir uns zurücknehmen. Wenn wir weniger werden, wenn wir uns zurücknehmen, entsteht ein Platz, den Gott füllen kann. Mit seinen Möglichkeiten, mit seiner Kraft und seiner Zuwendung. Auch dort, wo noch Lücken sind. Wo es uns nicht ge-

lungen ist, unsere Aufgabe so zu erfüllen, wie wir es uns vorgestellt haben.
Wenn wir abnehmen, dann bekommt Gott Raum, zuzunehmen in unserem Leben und in unseren Herzen. Dann bekommt er Raum, uns immer mehr zu füllen mit seiner Liebe. Amen.

Fürbitten:

Herr, unser Gott, du hast Johannes den Täufer gesandt, um uns auf die Ankunft deines Sohnes vorzubereiten.
Wir bitten dich:

- Öffne unsere Herzen und Ohren und hilf uns, auf deine Stimme zu hören. Zeige uns, wo wir uns zurücknehmen müssen, damit du wachsen kannst.
- Mach uns bereit, dir immer noch Größeres zuzutrauen.

Wir bitten dich:

- Wirke du da, wo wir es nicht mehr können; besonders in unseren Familien. Vollende, was wir begonnen haben.
- Schenke neue Hoffnung und Vertrauen den Kranken, den Verzweifelten und den Menschen in Kriegsgebieten. Lass sie und uns alle erleben, dass Du wachsen und groß werden kannst, wo wir schwach und am Ende sind.

So bitten wir durch Christus, unseren Herrn. Amen.

Vaterunser

Lied: Großer Gott, wir loben dich, Str. 1+10 (GL 380 / EG 331)

Segen:

Gott segne das Dunkel, das du nicht verstehst,
und lasse dich schauen sein Licht.

Gott segne deine Schwäche
und lasse dich erfahren seine Kraft.

Gott segne deine Einsamkeit
und lasse sie zur Gemeinschaft werden mit ihm.[3]

So segne euch der Vater und der Sohn und der Heilige Geist. Amen.

3 Aus: Wilma Klevinghaus, Gott segne das Dunkel © beim Rechtsnachfolger.

Kraft in Wüstenzeiten

Manna in der Wüste – Ex 16,2–3+11–20

Material:

- gelbes Tuch
- trockene Zweige
- Steine
- Federn
- Brotstückchen

Begrüßung und Votum

Lied: Morgenglanz der Ewigkeit, Str. 1–2 (GL 84 / EG 450)

Gebet:

Herr, unser Gott, wir sind heute zusammengekommen, um gemeinsam Gottesdienst zu feiern. Wir danken dir für deine Liebe und Treue, die du uns in unserem Leben erwiesen hast. Viele Wege bist du mit uns gegangen: helle und dunkle, leichte und schwere. Manchmal waren wir voller Vertrauen und manchmal haben wir gezweifelt an dir und deiner Liebe. Auch heute sind wir immer wieder hin- und hergerissen zwischen Glauben und Zweifel. Wir bitten dich: Stärke unser Vertrauen in dich und deine Treue. Lass uns erleben, dass du uns auch heute nahe bist und für uns sorgst. So wie du es versprochen hast. Amen.

Einführung:

Aus dem gelben Tuch, den trockenen Zweigen und den Steinen wird eine Wüste gestaltet.

Die Wüste ist ein lebensfeindlicher Ort. Es ist heiß und man findet keinen Schatten. Wasser ist Mangelware und Nahrung auch. Die Durchquerung einer Wüste ist eine abenteuerliche und gefährliche Unternehmung.
Die Wüste ist auch ein Sinnbild für schwierige und entbehrungsreiche Zeiten im Leben.

→ Erinnern Sie sich an Wüstenzeiten und Durststrecken in Ihrem Leben?

→ Was hat Ihnen geholfen, diese Zeiten zu bestehen? Was hat Sie durchgetragen?

Besonders in Wüstenzeiten stellt sich oft die dringliche Frage nach Gott: Warum muss ich das erleben? Warum mutet er mir das zu? Wo ist er?
In der Bibel lesen wir von dem Weg, den die Israeliten nach ihrem Auszug aus Ägypten durch die Wüste gegangen sind. Diese Zeit war für sie eine sehr prägende und wichtige Zeit. Bis heute erinnern sie sich daran, was sie in dieser Zeit mit Gott erlebt haben. Viele Psalmen erzählen davon.

Psalm:

Eine Wolke breitete er (Gott) aus, um sie zu decken,
und Feuer, um die Nacht zu erleuchten.
Er forderte Wachteln und ließ sie kommen
und sättigte sie mit Brot vom Himmel. ↗

Er öffnete den Felsen, da sprudelten Wasser,
wie ein Strom floss es dahin in der Wüste.
Denn er gedachte seines heiligen Wortes
und seines Knechts Abraham.
Er führte sein Volk heraus in Freude,
seine Erwählten in Jubel.
Ps 105,39–43

Lied: Wer nur den lieben Gott lässt walten, Str. 1–3 (GL 424 / EG 369)

Schriftwort und Ansprache:
Die ganze Gemeinde der Israeliten murrte in der Wüste
gegen Mose und Aaron.
Die Israeliten sagten zu ihnen:
Wären wir doch im Land Ägypten durch die Hand
des Herrn gestorben,
als wir an den Fleischtöpfen saßen und Brot genug zu essen hatten.
Ihr habt uns nur deshalb in diese Wüste geführt, um alle,
die hier versammelt sind,
an Hunger sterben zu lassen.

Der Herr sprach zu Mose:
Ich habe das Murren der Israeliten gehört.
Sag ihnen: In der Abenddämmerung werdet ihr Fleisch
zu essen haben,
am Morgen werdet ihr satt werden von Brot
und ihr werdet erkennen, dass ich der Herr, euer Gott, bin.
Am Abend kamen die Wachteln und bedeckten das Lager.

Am Morgen lag eine Schicht von Tau rings um das Lager.
Als sich die Tauschicht gehoben hatte,
lag auf dem Wüstenboden etwas Feines, Knuspriges,
fein wie Reif, auf der Erde.
Als das die Israeliten sahen, sagten sie zueinander:
Was ist das? Denn sie wussten nicht, was es war.
Da sagte Mose zu ihnen: Das ist das Brot,
das der Herr euch zu essen gibt.

Das ordnet der Herr an: Sammelt davon so viel,
wie jeder zum Essen braucht,
ein Gomer für jeden, entsprechend der Zahl der Personen
in seinem Zelt!
Die Israeliten taten es und sammelten ein,
der eine viel, der andere wenig.
Als sie die Gomer zählten,
hatte keiner, der viel gesammelt hatte, zu viel,
und keiner, der wenig gesammelt hatte, zu wenig.
Jeder hatte so viel gesammelt, wie er zum Essen brauchte.
Mose sagte zu ihnen: Davon darf bis zum Morgen
niemand etwas übriglassen.
Doch sie hörten nicht auf Mose, sondern einige ließen etwas
bis zum Morgen übrig. Aber es wurde wurmig und stank.
Ex 16,2–3+11–20

Liebe Seniorinnen und Senioren,
die Israeliten waren auf Gottes Geheiß hin aufgebrochen aus der Sklaverei in Ägypten. Voller Hoffnung auf ein besseres Leben in der Freiheit. Doch schon bald folgt die Ernüchterung. Der Weg in das verheißene Land führt erst einmal durch die Wüste. Dort sind sie zwar keine Sklaven mehr, aber sie sind vielen Gefahren ausgesetzt und sie müssen Entbehrungen ertragen, die an die Grenzen ihrer Kräfte gehen. Irgendwann wird ihnen das alles zu belastend, zu anstrengend und zu ungewiss. Sie fürchten, dass sie es nicht schaffen werden bis in das gelobte Land, dass sie in der Wüste sterben werden. Und so sehnen sie sich zurück nach den sprichwörtlich gewordenen Fleischtöpfen Ägyptens.
Es ist eine Weggeschichte, die ich gut nachvollziehen kann. Manchmal machen wir uns voller Hoffnung auf, auf einen neuen Weg. Ein anderes Mal werden wir nicht ganz freiwillig auf einen neuen, herausfordernden Weg geschickt. Was uns auf neuen Wegen begegnet, ist nicht vorhersehbar und auch ihre Länge ist uns nicht bekannt. So kann es geschehen, dass die Wege schwieriger werden als gedacht und wir unterwegs an die Grenzen unserer Kräfte kommen.
Und da gibt es dann diese Momente, in denen wir denken, wir schaffen das alles nicht mehr. Wir werden das erhoffte Ziel nicht erreichen. Wir werden diesen Wüstenweg mit seinen Entbehrungen und Gefahren niemals hinter uns lassen und auf ihm umkommen. Und wie die Israeliten fragen wir uns dann, warum wir uns eigentlich auf diesen Weg gemacht haben. Warum wir unsere Sicherheiten und Gewohnheiten verlassen mussten und nun den Unsicherheiten und Herausforderungen des Lebens ausgeliefert sind.

All diese Empfindungen bringen die Israeliten deutlich zum Ausdruck: Sie »murren«.
Und Gott hört das Murren der Israeliten in der Wüste und er erhört es. Er beschließt einzugreifen, ihnen unter die Arme zu greifen und für neue Kraft zu sorgen. Er schickt ihnen Wachteln und das Manna. Brot vom Himmel, das ihren Hunger stillt.

Die Federn und die Brotstückchen werden auf dem gelben Tuch verteilt.

Doch mit diesem Manna hat es eine besondere Bewandtnis. Es lässt sich nicht lagern. Deshalb dürfen die Israeliten davon immer nur so viel sammeln, wie sie an diesem Tag brauchen, nicht mehr. Und dann müssen sie darauf vertrauen, dass Gott ihnen am nächsten Tag wieder genug Brot zum Leben geben wird. Dass er sie von Tag zu Tag in dieser lebensfeindlichen Wüste versorgen und am Leben halten wird. Sie erleben, dass sie auf diesem Teil des Weges ganz auf Gott angewiesen sind. Welch eine Herausforderung für ihr Vertrauen!
Aber vielleicht kennen Sie diese Erfahrung, genau wie ich, aus Wüstenzeiten in Ihrem eigenen Leben. Zeiten, die so schwer und belastend sind, dass die Kraft, wenn es gut geht, genau für diesen einen Tag reicht. Wie wir den nächsten auch noch schaffen sollen, wissen wir nicht. Und doch: im Vertrauen auf Gott, auf sein Mitgehen und seine Fürsorge können wir solche Wüstenzeiten von Tag zu Tag durchstehen. Vielleicht erinnern Sie sich an solche Zeiten in Ihrem Leben, von denen Sie im Nachhinein sagen »Ich weiß gar nicht, wie ich das eigentlich geschafft habe und woher ich die Kraft dazu bekommen habe«. Und doch haben Sie

diese Zeiten gemeistert. Und vielleicht haben Sie darin Gottes Hilfe und Stärkung erleben dürfen.

Ganz ähnliche Erfahrungen hat auch Dietrich Bonhoeffer in Wüstenzeiten gemacht, wenn er sagt: »Ich glaube, dass Gott uns in jeder Notlage so viel Widerstandskraft geben will, wie wir brauchen. Aber er gibt sie nicht im Voraus, damit wir uns nicht auf uns selbst, sondern allein auf ihn verlassen.« Und er fährt fort: »In solchem Glauben müsste alle Angst vor der Zukunft überwunden sein.«

Diese Worte von Dietrich Bonhoeffer, die Erzählung vom Manna in der Wüste und auch die Erfahrungen aus unserem eigenen Leben möchten uns Mut machen, Gott auf den Durststrecken und in den Wüstenzeiten des Lebens zu vertrauen. Darauf zu vertrauen, dass er uns jeden Tag immer so viel Kraft geben wird, wie wir brauchen. Gerade dann, wenn wir selbst am Ende unserer Kräfte sind. Gott ist uns nahe und begleitet uns.

Das dürfen wir besonders in der Person von Jesus Christus erleben. Er sagt von sich, dass er das Brot des Lebens ist, das vom Himmel gekommen ist. Er ist der, der uns in Wüstenzeiten immer wieder Kraft und Mut gibt, weiterzugehen. Der Blick auf ihn und sein Leben und das Hören auf sein Wort stärken uns und geben uns neue Zuversicht. Mit ihm an unserer Seite müssen wir vor der Zukunft keine Angst haben. Er ist uns nahe, er begleitet uns und stärkt uns, egal was kommen mag. Amen.

Fürbitten:

Herr, unser Gott,

du bist mit uns unterwegs, auch in schweren Zeiten. Manchmal haben wir keine Kraft und keine Zuversicht mehr und sind ganz auf dich angewiesen. Wir bitten dich:

- Versorge uns täglich neu mit der Kraft, die wir nötig haben.
- Sorge für unsere Familien, die manchmal auch auf schweren Wegen unterwegs sind.
- Segne alle, die sich um uns kümmern, und die uns im Alter Hilfe und Stütze sind.
- Wir bitten dich für alle Menschen, die nicht wissen, wie sie den nächsten Tag bestehen sollen: für die Schwerkranken, für die Hungernden, für die Menschen in den Kriegsgebieten dieser Erde und für alle, die auf der Flucht sind: Sei du ihnen Kraft und Zuversicht.

Sei ihnen nahe durch Jesus Christus, unseren Herrn, der mit uns unterwegs ist auf unseren Wegen und der uns durch alle Wüsten und Entbehrungen heimführen möchte zu dir. Amen.

Vaterunser

Lied: Bewahre uns, Gott, Str. 1–4 (GL 453 / EG 171)

Segen:

Der Herr segne euch und behüte euch.

Der Herr lasse sein Angesicht leuchten über euch und sei euch gnädig.

Der Herr wende euch sein Angesicht zu und schenke euch seinen Frieden. Amen.

Gott nimmt mich an

Das Gleichnis vom Pharisäer und vom Zöllner – Lk 18,9–14

Material:

- Spiegel
- Herz aus Tonkarton

Begrüßung und Votum

Lied: Er weckt mich alle Morgen, Str. 1–2 (EG 452)
oder Singt dem Herrn ein neues Lied, Str. 1–2 (GL 409)

Gebet:

Herr, unser Gott, du weckst uns jeden Morgen. Wenn wir die die Augen aufschlagen, bist du schon da und wartest auf uns. Du willst uns begleiten durch den neuen Tag. So stehen wir auf und stehen vor dir. Bei dir dürfen wir so sein, wie wir sind, mit unseren schönen und unseren hässlichen Seiten. Von dir können wir uns offen anschauen lassen, denn du richtest deinen Blick nicht verurteilend, sondern liebevoll auf uns. Du nimmst uns an, selbst dann, wenn es uns schwerfällt, uns selbst anzunehmen. So freuen wir uns nun auf dein Wort und deine Nähe. Öffne unsere Augen für deine Wirklichkeit und unser Herz für deine Liebe. Amen.

Einführung:

Mit dem Spiegel herumgehen und jeden einmal hineinschauen lassen, ihn dann in die Mitte stellen.

Wir schauen täglich in den Spiegel. Morgens, wenn wir uns zurechtmachen oder bevor wir das Haus verlassen. Ganz besonders vor wichtigen Terminen und Begegnungen. Abends, wenn der Tag hinter uns liegt. Wir möchten wissen, wie wir aussehen, wie andere uns sehen und wie wir auf sie wirken.

→ Wie geht es Ihnen heute mit dem Blick in den Spiegel? Wie war das früher?

Der Spiegel zeigt uns, wie wir aussehen. Manchmal sehen andere Menschen uns anders, als wir selbst es tun. Sie können uns einen Spiegel vorhalten und uns helfen, Dinge an uns zu entdecken, die wir selbst nicht so sehen. Das kann hilfreich sein. Auch die Bibel hält uns manchmal einen Spiegel vor und hilft uns, uns besser zu erkennen.

Psalm:

Herr, du hast mich erforscht und kennst mich.
Ob ich sitze oder stehe, du kennst es.
Du durchschaust meine Gedanken von fern.
Ob ich gehe oder ruhe, du hast es gemessen.
Du bist vertraut mit all meinen Wegen.
Ja, noch nicht ist das Wort auf meiner Zunge,
siehe, Herr, da hast du es schon völlig erkannt. (...)
Erforsche mich, Gott, und erkenne mein Herz,
prüfe mich und erkenne meine Gedanken!
Sieh doch, ob ich auf dem Weg der Götzen bin,
leite mich auf dem Weg der Ewigkeit!
Ps 139,1–4+23–24

Lied: Wer nur den lieben Gott lässt walten Str. 1–3 (GL 424 / EG 369)

Schriftwort und Ansprache:

Liebe Seniorinnen und Senioren,
beim morgendlichen Blick in den Spiegel gibt es ganz unterschiedliche Typen: Manche schauen nur ganz kurz hinein. Entweder weil es sie nicht so sehr interessiert, oder weil sie es gar nicht sehen wollen. Andere schauen lange und kritisch, suchen und entdecken jeden kleinen Makel. Und wieder andere können sich gar nicht satt sehen an sich selbst. Die Frage, die dahintersteckt, ist: Wie schaue ich auf mich selbst?
Jesus erzählt in einem Gleichnis von zwei Menschen, die sich jeweils ganz unterschiedlich wahrnehmen.

Einigen, die von ihrer eigenen Gerechtigkeit überzeugt waren
und die anderen verachteten, erzählte Jesus dieses Gleichnis:
Zwei Männer gingen zum Tempel hinauf, um zu beten;
der eine war ein Pharisäer, der andere ein Zöllner.
Der Pharisäer stellte sich hin und sprach bei sich dieses Gebet:
Gott, ich danke dir, dass ich nicht wie die anderen Menschen bin, die Räuber, Betrüger, Ehebrecher oder auch wie dieser Zöllner dort.
Ich faste zweimal in der Woche und gebe den zehnten Teil meines ganzen Einkommens.
Der Zöllner aber blieb ganz hinten stehen
und wollte nicht einmal seine Augen zum Himmel erheben,
sondern schlug sich an die Brust und betete: Gott, sei mir Sünder gnädig!

Ich sage euch: Dieser ging gerechtfertigt nach Hause hinab, der andere nicht.
Denn wer sich selbst erhöht, wird erniedrigt,
wer sich aber selbst erniedrigt, wird erhöht werden.
Lk 18,9–14

Die zwei Menschen, die hier in den Tempel kommen, um zu beten, sind ganz unterschiedlich:
Vom Pharisäer wird gesagt, er »betet für sich«. Auch wenn er im Tempel ist um zu beten, so hat man doch den Eindruck, dass er ganz bei sich ist. Er betrachtet sich in seinem eigenen Licht und bleibt dabei an der Oberfläche hängen. Er sieht nur seine äußere Rechtgläubigkeit, seinen gesellschaftlichen Rang und seine Würde als Gesetzeslehrer. Ein tieferer Blick auf sich selbst gelingt dem Pharisäer anscheinend nicht. So ist er sehr überzeugt von sich und fühlt sich anderen überlegen.
Vom Zöllner dagegen heißt es, er »blieb ganz hinten stehen und wollte nicht einmal seine Augen zum Himmel erheben«. Dieser Mensch ist sich also bewusst, dass er hier im Tempel vor Gott steht. Er weiß, dass Gott ihn anschaut bis hinunter auf den Grund seines Wesens. So wie wir es eben auch von dem Psalmbeter gehört haben. Gott sieht uns ganz klar, nichts ist ihm verborgen. Doch er schaut uns mit Liebe an.

Das Herz wird zu dem Spiegel gestellt.

Und der Zöllner lässt sich von Gott mit klarem Blick anschauen und erkennt sich dabei selbst. Das kann schmerzlich sein, das wissen wir alle. Denn meist sind wir eben nicht so gut, so fromm, so hübsch, so intelligent usw., wie wir gerne wären. Wir haben unsere Fehler und unsere Schwächen. Auch in unserem Leben ist vieles unvollkommen und bruchstückhaft geblieben. Manches ist danebengegangen und wir sind schuldig geworden.

Diese Selbsterkenntnis ist sehr ernüchternd. Doch der Zöllner im Gleichnis geht damit zu Gott. Er schlägt an seine Brust und spricht: »Gott, sei mir Sünder gnädig.« Mit allem, was er bei sich gesehen hat, dem Guten und dem Schlechten, vertraut er sich der Gnade Gottes an, seiner Güte, seiner Liebe und seiner Vergebung. Und Jesus bestätigt dieses Vorgehen als richtig: »Ich sage euch: Dieser ging gerechtfertigt nach Hause hinab.«

Gott möchte nicht, dass wir uns vor ihm gut darstellen und herausputzen, so wie wir das oft vor Menschen tun. Er sieht ohnehin tiefer. Gott möchte vielmehr, dass wir ehrlich sind vor ihm und vor uns und nichts verstecken. Bei einem unverstellten Blick auf uns selbst sehen wir beides: Das Gute und Schöne, das, was uns gefällt und was wir gerne vor Gott und den Menschen zeigen. Aber wir erkennen auch unsere Schattenseiten, unsere Fehler, unsere Unvollkommenheit, unsere Schuld.

So fällt mir der klare Blick in den Spiegel und auf mich selbst oft nicht leicht. Aber es hilft mir dabei zu wissen, dass Gott diesen Blick mit mir gemeinsam tut. Er steht neben mir und er steht zu mir. Er schaut voll Liebe auf mich. Er nimmt mich an mit meinen Licht- und Schattenseiten. Und deshalb darf und kann auch ich mich selbst so anschauen und annehmen, wie ich bin. Auch wenn ich weit davon entfernt bin, perfekt zu sein. Und dann bin ich nicht erhöht durch meinen vermeintlichen Verdienst, sondern weil Gott, mein Vater, mich liebevoll anschaut und mir so Wert und Ansehen gibt. Amen.

Fürbitten:

Gott, unser Vater,

du siehst auf uns alle mit klarem und liebendem Blick. Deswegen kommen wir mit unserem Unvermögen und mit der Unvollkommenheit der Welt zu dir und bitten dich um dein Erbarmen.

- Deine Liebe richte die auf, die zerschlagen sind, die an sich selber zweifeln und sich selbst verurteilen.
- Deine Wahrheit führe die Selbstsicheren auf Wege der Demut und Freundlichkeit.
- Deine Barmherzigkeit begegne den Unglücklichen und Verlorenen, den Leidenden und Sterbenden.
- Der du uns liebst: Hilf uns zu lieben und uns selbst und die Menschen um uns herum freundlich anzusehen und anzunehmen wie du uns annimmst.

So bitten wir durch Jesus Christus, unseren Herrn, der uns mit dir versöhnt hat. Amen.

Vaterunser

Lied: Ach bleib mit deiner Gnade Str. 1–4 (GL 436 / EG 347)

Segen:

Gott, der liebende Vater,
wende dir sein Angesicht zu.
Er lasse dich Frieden finden mit dir selbst
und helfe dir, dein Leben anzunehmen, wie es ist.
Er sei dir nahe mit seinem Segen.
So segne euch der Vater und der Sohn und der Heilige Geist.
Amen.

Gott trägt mich

Kraft wie ein Adler – Jes 40,28–31

Material:

- Bild eines fliegenden Adlers oder die Silhouette eines fliegenden Greifvogels, z. B. aus schwarzem Tonkarton

Begrüßung und Votum

Lied: Erfreue dich Himmel, Str. 1–2+4 (GL 467)
oder Geh aus, mein Herz, Str. 1–3 (EG 503)

Gebet:

Herr, unser Gott,
wir danken dir für den neuen Tag und dafür, dass du uns in dieser Nacht behütet hast. Wir danken dir für alle Freude und Leichtigkeit, die du uns schenkst. Sie macht uns froh und gibt uns neue Kraft. Doch jeder von uns hat auch seine Lasten, die er im Leben tragen muss. Manchmal sind sie sehr schwer. Manchmal lassen unsere Kräfte nach und wir fühlen uns müde und erschöpft. Wir danken dir, dass wir dann zu dir kommen dürfen, so wie jetzt. Bei dir können wir verweilen und unsere Last ablegen. Lass uns nun in dieser gemeinsamen Stunde deine Nähe erfahren. Gib uns neue Kraft, wenn wir gemeinsam singen, beten und auf dein Wort hören. Amen.

Einführung:

Das Bild des Adlers wird gezeigt.
oder: Die Silhouette des Greifvogels wird, wenn möglich, aufgehängt, ansonsten auf ein blaues Tuch gelegt.

Gerade jetzt im Sommer sieht man immer wieder Greifvögel, die hoch über unseren Köpfen am Himmel kreisen.

→ Können Sie von Ihrem Zimmer aus auch manchmal welche sehen? Welche Gedanken kommen Ihnen dann?

Ich schaue diesen Vögeln immer wieder gerne und fasziniert zu. Denn sie wirken so ruhig und majestätisch, so kraftvoll und doch leicht und frei. Manchmal wecken sie in mir die Sehnsucht, auch fliegen zu können und sich über die Sorgen und Nöte des Lebens zu erheben.
Ich habe den Eindruck, diese großen Vögel haben die Menschen zu jeder Zeit beeindruckt. Schon in der Bibel finden wir den Adler als Symbol für Kraft und Stärke. So wie in dem Abschnitt aus dem Buch des Propheten Jesaja, den ich Ihnen heute mitgebracht habe.

Psalm:

Preise den Herrn, meine Seele,
und alles in mir seinen heiligen Namen!
Preise den Herrn, meine Seele,
und vergiss nicht, was er dir Gutes getan hat!
Der dir all deine Schuld vergibt
und all deine Gebrechen heilt,
der dein Leben vor dem Untergang rettet
und dich mit Huld und Erbarmen krönt, ↗

der dich dein Leben lang mit Gaben sättigt,
wie dem Adler wird dir die Jugend erneuert.
Der Herr vollbringt Taten des Heils,
Recht verschafft er allen Bedrängten.
Ps 103,1–6

Lied: Lobe den Herren, Str. 1–2 (GL 392 / EG 316)

Schriftwort und Ansprache:

Weißt du es nicht, hörst du es nicht?
Der Herr ist ein ewiger Gott, der die Enden der Erde erschuf.
Er wird nicht müde und matt, unergründlich ist seine Einsicht.
Er gibt dem Müden Kraft, dem Kraftlosen verleiht er große Stärke.
Die Jungen werden müde und matt, junge Männer stolpern und stürzen.
Die aber auf den Herr hoffen, empfangen neue Kraft,
wie Adlern wachsen ihnen Flügel.
Sie laufen und werden nicht müde,
sie gehen und werden nicht matt.
Jes 40,28–31

Liebe Seniorinnen und Senioren,
das Leben kann einem eine ganze Menge abverlangen. Für jeden kommt einmal eine Zeit, in der er mit seinen Kräften am Ende ist. Selbst für diejenigen, die sehr stark sind. Unser Text nennt da die jungen Männer als die Starken des Volkes. Doch selbst sie, so heißt es, werden irgendwann müde und straucheln und fallen.

→ Ich denke, auch Sie erinnern sich an Zeiten in Ihrem Leben, in denen Sie Ihre Kräfte verlassen haben.

Menschen können sehr stark sein und eine Menge aushalten. Da staune ich immer wieder. Doch irgendwann geht es nicht mehr. Dann hat man keine Kraft mehr, dann bricht man zusammen und weiß nicht, woher man die Kraft nehmen soll, um weiterzugehen. Diese Erfahrung machen Menschen in allen Lebensaltern, Junge und Alte. Und dann stellt sich dringlich die Frage, woher wir die Kraft bekommen können, um unser Leben zu leben. Die Kraft, die Herausforderungen zu bewältigen, die das Leben uns stellt. Was hilft uns, aufzustehen und mit neuer Kraft mutig weiterzumachen, wenn wir, von den Mühen und Kämpfen erschöpft, am Boden liegen?

Der Prophet Jesaja hat dazu eine klare Antwort: »Die aber auf den Herrn hoffen, empfangen neue Kraft, wie Adlern wachsen ihnen Flügel. Sie laufen und werden nicht müde, sie gehen und werden nicht matt.«

Die Hoffnung auf Gott setzen, ihm vertrauen und nicht nur dem eigenen Können und Vermögen, das gibt Kraft zum Weitermachen, Kraft zum Leben. Die Menschen, die das tun, vergleicht Jesaja mit dem majestätischen Adler, der stundenlang hoch in der Luft dahinfliegt. Doch wenn wir genau hinschauen, macht der Adler eigentlich gar nicht viel. Er schlägt nicht ständig mit den Flügeln, so wie es ein kleiner Spatz tut. Der Spatz verbraucht beim Flattern viel Kraft und hält deshalb auch nicht lange durch. Der Adler dagegen breitet nur seine großen Schwingen aus und lässt sich einfach tragen. Er sucht sich einen Aufwind. Dort kreist er und lässt sich von der Kraft der aufsteigenden Luft höher und höher tragen. Auf diese Weise ist er nicht nur ein eleganter, sondern auch ein ausdauernder Flieger. Auf uns Menschen übertragen, ist Gott dieser Aufwind, diese Kraft, die uns trägt. Er hat die

Erde geschaffen und er wird niemals müde oder matt. So kann er auch uns tragen, wenn wir nicht mehr weiterkönnen. Und er möchte es auch. Er möchte uns helfen, denn er liebt uns und unsere Wege sind ihm nicht verborgen.

Wenn wir also bemerken, dass uns die Kraft fehlt, dann müssen wir nicht weiter aus eigener Kraft verzweifelt mit den Flügeln schlagen wie ein kleiner Spatz. Wir müssen nichts weiter tun, als zu Gott, unserem Vater, gehen und uns ihm anvertrauen mit allem, was uns belastet. Bei ihm dürfen wir im Gebet verweilen und uns von seiner Stärke tragen lassen. So wie der Adler seine Flügel ausbreitet, einen Aufwind sucht, und an dieser Stelle bleibt, bis er wieder genug Höhe gewonnen hat. Wie der Adler sich von der warmen Luft tragen lässt, so dürfen wir uns von Gottes warmer Liebe getragen wissen. Amen.

Fürbittgebet:

Herr, unser Gott,

du bist die Quelle aller Kraft und wirst niemals müde. Aber unsere Kräfte reichen nur ein Stück weit. Wenn wir mit unseren Kräften am Ende sind, brauchen wir dich, deine Stärke und deine Liebe. So bitten wir dich für uns und für alle, die schwere Lasten tragen.

Für die Einsamen und Trauernden, für die Enttäuschten und Verzweifelten, für die Kranken und Sterbenden und für alle Menschen, die wir im Herzen tragen und um deren Lasten wir wissen:

Lass sie und uns ausruhen bei dir, trage uns, wenn wir nicht mehr können und schenke uns neue Kraft aus unserem Vertrauen und Hoffen auf dich. Amen.

Vaterunser

Lied: Ja, ich will euch tragen, Str. 1–4 (EG 380)

Segen:

Der Herr segne euch und behüte euch,
Er schenke euch neue Kraft aus seiner Nähe,
neuen Mut aus seinem Wort,
neues Vertrauen aus seiner Liebe.

So segne euch, eure Familien und alle, die ihr im Herzen tragt, der dreieinige Gott, der Vater und der Sohn und der Heilige Geist. Amen.

Wurzeln, die mich tragen

Der Baum am Wasser – Jer 17,5–8

Material:

- ein Bild von den gut sichtbaren Wurzeln eines Baumes
- ein blaues Tuch

Begrüßung und Votum

Lied: Nun danket all und bringet Ehr, Str. 1–3 (GL 403 / EG 322)

Gebet:

Herr, unser Gott,
du hast die Welt so schön gemacht und alles wohl geordnet. Wir danken dir für die Schönheit der Natur, an der wir uns erfreuen dürfen. Wir danken dir, dass du auch uns wunderbar gemacht hast und in deiner Liebe täglich für uns sorgst. Hilf uns durch deinen Geist, dass wir auch in schweren Zeiten eng mit dir verbunden bleiben. Denn bei dir ist die Quelle des Lebens. Bei dir können wir jeden Tag neue Kraft schöpfen. So bitten wir dich, komm in unsere Mitte, wenn wir nun gemeinsam Gottesdienst feiern. Amen.

Einführung:

Bäume sind die Pflanzen, die uns Menschen oft besonders nahe sind. Sie sind groß und kräftig und werden oft sehr alt. Viel älter als wir. Und sie entwickeln im Laufe ihres langen Lebens einen eigenen Charakter und eine ganz individuelle Wuchsform. Je nachdem, wo sie wachsen und was ihnen im Laufe des Lebens so alles zustößt. Es gibt Bäume, die recht klein bleiben und solche, die hoch in den Himmel wachsen. Manche haben eine harmonische Form, andere werden knorrig und schief. Manchmal verlieren sie Äste oder den Wipfel, sie setzen Moos und Flechten an oder werden von Efeu überwuchert. Was jeden Baum hält und nährt, sind seine Wurzeln.

Das Bild der Baumwurzeln wird in die Mitte gelegt.

Auch bei uns Menschen sprechen wir manchmal von unseren Wurzeln.
Damit meinen wir in der Regel unsere Herkunft, die Familie, den Heimatort, die Kultur, in der wir aufgewachsen sind.
→ Wo haben Sie Ihre Wurzeln?

Psalm:

Selig der Mann, der nicht nach dem Rat der Frevler geht,
nicht auf dem Weg der Sünder steht,
nicht im Kreis der Spötter sitzt,
sondern sein Gefallen hat an der Weisung des Herrn,
bei Tag und bei Nacht über seine Weisung nachsinnt.
Er ist wie ein Baum,
gepflanzt an Bächen voll Wasser,
der zur rechten Zeit seine Frucht bringt
und dessen Blätter nicht welken.
Alles, was er tut,
es wird ihm gelingen.
Ps 1,1–3

Lied: Wer nur den lieben Gott lässt walten, Str. 1+7 (GL 424 / EG 369)

Schriftwort und Ansprache:

Eine andere Rede vom Baum finden wir beim Propheten Jeremia:

So spricht der Herr:
Verflucht der Mensch, der auf Menschen vertraut,
auf schwaches Fleisch sich stützt
und dessen Herz sich abwendet vom Herrn.
Er ist wie ein Strauch in der Steppe,
der nie Regen kommen sieht;
er wohnt auf heißem Wüstenboden,
im Salzland, das unbewohnbar ist.
Gesegnet der Mensch, der auf den Herrn vertraut
und dessen Hoffnung der Herr ist.
Er ist wie ein Baum, der am Wasser gepflanzt ist
und zum Bach seine Wurzeln ausstreckt:
Er hat nichts zu fürchten, wenn Hitze kommt;
seine Blätter bleiben grün;
auch in einem trockenen Jahr ist er ohne Sorge,
er hört nicht auf, Frucht zu tragen. (*Jer 17,5–8*)

Liebe Seniorinnen und Senioren,
noch bevor der Samen eines Baumes den Spross austreibt, wächst zuerst einmal eine Wurzel aus ihm. Das ist das Wichtigste. Denn die Wurzel verbindet ihn mit dem Erdboden. Durch sie kann er Nahrung und vor allem Wasser aus der Erde aufnehmen. Bekommt er davon nicht genug, vertrocknet er und stirbt ab.

Meistens sieht man von den Wurzeln eines Baumes nicht viel, obwohl das Wurzelgeflecht oftmals so groß ist wie die Krone. Doch manchmal kann man die Wurzeln sehen. Wenn sie z. B. am Fluss vom Wasser freigespült sind oder auch in den Bergen, wenn ein Baum sich am Steilhang mit seinen Wurzeln an den Felsen festhält. Das sieht oft sehr beeindruckend aus. Man erkennt, wie stark und zahlreich die Wurzeln sind und wie sie dem Baum Halt geben. Das ist ganz wichtig für ihn. Denn wenn ein Baum mit seinen Wurzeln gut im Boden verankert ist, dann kann er eine Menge aushalten und wegstecken. Ich sehe das immer wieder, wenn ich spazieren gehe. Da gibt es Bäume, an denen man noch die Spuren eines Blitzschlags sieht und trotzdem wachsen sie weiter. Bei anderen sind Äste oder gar der halbe Stamm abgebrochen und doch schlagen sie neu aus. Manche sind mit dem Hang abgerutscht und liegen fast auf der Erde; aber wenn die Wurzeln noch im Boden sind, sind sie dennoch grün. Mit der Kraft aus der Erde übersteht der Baum Sturm, Gewitter, Trockenheit, Hitze und Kälte und er kann nach jedem Winter wieder neu ausschlagen.

Auch wir Menschen haben unsere Wurzeln. Das kann unsere Familie sein, unsere Heimat, die Kultur, in der wir aufgewachsen sind. Das alles sind Dinge, die uns Halt geben und nähren.

Vor allem in den Krisen des Lebens stellt sich die Frage, wo wir Halt finden und woher wir unsere Kraft bekommen. Dann brauchen wir Wurzeln, die bis zu einer lebensspendenden Wasserquelle reichen.

Das blaue Tuch wird am unteren Rand des Bildes wie ein Fluss drapiert.

Nach dem Propheten Jeremia findet der Mensch seinen Halt und seine Kraft vor allem bei Gott. Auf ihn soll er in seinem Leben vertrauen und hoffen, auf sein Wort hören, auf seine Liebe bauen. Dann ist er, so wie der Baum am Wasser, direkt mit der Quelle des Lebens verbunden. Aus ihm kann er stets neue Kraft schöpfen. Deswegen kann er auch Dürreperioden und Durststrecken gut überstehen. Also Zeiten, in denen es ihm schlecht geht, wo er mit seinen Kräften an die Grenze kommt und ihm das Leben schwerfällt. Der Strauch in der Steppe dagegen erreicht mit seinen Wurzeln kein Wasser mehr, sobald der Regen ausbleibt und das Leben hart wird. Er ist in Trockenzeiten nicht mit der tiefliegenden Lebensquelle verbunden. Dieses Bild verwendet Jeremia für die Menschen, die sich im Leben nicht auf Gott, sondern auf andere Dinge verlassen: vielleicht auf ihre eigene Stärke, auf Reichtum und Besitz, auf Schönheit und Gesundheit, auf Erfolg und Ruhm. Doch das ist alles vergänglich und kann selber wegbrechen. So können uns diese Dinge in den Krisen des Lebens oft nicht helfen. Wenn uns ein Schicksalsschlag trifft wie ein Blitz und von einer Sekunde auf die nächste alles anders ist. Wenn Wichtiges wegbricht aus unserem Leben, oder wir abrutschen und am Boden liegen. Dann brauchen wir Wurzeln, die uns fest bei Gott verankern. Dann hilft das Vertrauen auf ihn, die Hoffnung, dass er uns hält und für uns sorgt, weil er uns liebt. Die Verbindung mit Gott, der Quelle des Lebens, gibt uns dann die Kraft, weiterzumachen und nicht aufzugeben. Wenn wir uns von Gott letztlich gehalten und geliebt wissen, müssen wir auch in Krisenzeiten nicht verzweifeln. Denn wir dürfen vertrauen, dass Gott uns auch dann mit allem Notwendigen versorgt, wenn wir es selbst nicht mehr können. Er gibt uns Halt, wenn wir das Ge-

fühl haben, ins Bodenlose zu fallen. Ich darf immer wissen, dass ich sein geliebtes Kind bin, das er niemals vergisst.
So können im Laufe des Lebens die Wurzeln des Glaubens immer stärker und tiefer werden. Durch sie fest in Gott verwurzelt, können wir dann ein Leben lang wachsen und grünen, trotz mancher Dürrezeiten und Blitzschläge. Und wir dürfen darauf vertrauen, dass diese feste Verbindung mit Gott uns nicht nur in diesem Leben trägt, sondern auch über den Tod hinaus bestehen bleibt. Amen.

Fürbitten:
Herr, unser Gott und Vater,
du Quelle des Lebens, wir danken dir, dass wir schon hier mit dir verbunden sein und aus dem Reichtum deiner Kraft und Liebe schöpfen können.
Hilf uns, dass wir immer fest in dir verwurzelt bleiben und so die Stürme und die Trockenzeiten des Lebens überstehen können.

- Gib Halt allen, die unsicher und voller Fragen und Zweifel sind.
- Gib Nahrung denen, die an Leib und Seele hungern.
- Gib uns Kraft, Mut und Vertrauen in deine Liebe, um immer wieder neu aufzustehen und weiterzugehen.
- Lass uns alle Tage an Leib und Seele grünen. Und wenn unser Leben hier zu Ende geht, nimm uns auf bei dir, in deinem Paradies.

Amen.

Vaterunser

Lied: Lobe den Herren, Str. 1+4–5 (GL 392 / EG 316)

Segen:

Gott stärke, was in euch wachsen will.
Gott schütze, was euch lebendig macht.
Gott schenke euch, was für euch heilsam ist.

So segne und begleite euch der dreieinige Gott,
der Vater und der Sohn und der Heilige Geist. Amen.

Gott hilft meinem Mangel ab

Die Seligpreisungen – Lk 6,20–21

Material:

- ein Glas
- Granulat für Hydrokultur
- Wasser
- eine Pflanze (z. B. Ableger einer Grünlilie)

Begrüßung und Votum

Lied: Das Jahr steht auf der Höhe, Str. 1–2 (GL 465)
oder Wie lieblich ist der Maien, Str. 1–2 (EG 501)

Gebet:

Herr, unser Gott,
es gibt so vieles, für das wir dir danken können: der neue Morgen und das Licht der Sonne, der Sommer und das Leben, das du uns geschenkt hast, unsere Familien und Freunde. Wir sind versorgt mit allem, was wir brauchen. Doch manchmal sehnen wir uns dennoch nach mehr. Wir haben Sehnsucht nach Heimat und Angenommensein, nach Wert und Sinn in unserem Leben, nach Liebe und Frieden im Herzen. So kommen wir nun mit unseren Wünschen und Hoffnungen zu dir und bitten dich um dein Erbarmen. Komm du in unsere Mitte mit deiner Gnade, deiner Liebe und deiner Kraft. Amen.

Einführung:

Das Glas wird mit Granulat für Hydrokultur gefüllt.

→ Ist das Glas voll?

Das Glas ist zwar angefüllt mit dem Granulat, aber es gibt trotzdem noch viele Lücken. Wenn ich möchte, dass hier eine Pflanze wachsen kann, fehlt noch etwas ganz Entscheidendes.

Das Wasser wird in das Glas gefüllt.

Erst mit dem Wasser ist das Glas wirklich voll. Und erst jetzt kann man eine Pflanze einsetzen, die hier auch wachsen kann.

Die Pflanze wird in das Granulat gesetzt.

So ist es auch manchmal in unserem Leben. Es ist angefüllt mit vielen Dingen und manchmal merken wir nicht, dass vielleicht noch etwas Wichtiges fehlt.

Psalm:

Gott, mein Gott bist du, dich suche ich,
es dürstet nach dir meine Seele.
Nach dir schmachtet mein Fleisch
wie dürres, lechzendes Land ohne Wasser.
Darum halte ich Ausschau nach dir im Heiligtum,
zu sehen deine Macht und Herrlichkeit.
Denn deine Huld ist besser als das Leben.
Ps 63,2–4a

Lied: Allein Gott in der Höh sei Ehr, Str. 1–2 (GL 170 / EG 179)

Schriftwort und Ansprache:

Jesus richtete seine Augen auf seine Jünger und sagte:
Selig, ihr Armen, denn euch gehört das Reich Gottes.
Selig, die ihr jetzt hungert, denn ihr werdet gesättigt werden.
Selig, die ihr jetzt weint, denn ihr werdet lachen.
Lk 6,20–21

Liebe Seniorinnen und Senioren,
das ist doch paradox, was Jesus hier in den sogenannten Seligpreisungen sagt. Glückselig die Armen, die Hungernden, die Traurigen? Das sind doch eigentlich die, die am wenigsten glücklich sind! Denn ihnen allen gemeinsam ist der Mangel. Ihnen fehlt etwas Wichtiges im Leben. Dem Hungernden mangelt es an Nahrung. Der Weinende trauert um etwas, das er in seinem Leben verloren hat; vielleicht einen Teil von seinem Besitz, seine Gesundheit, einen lieben und wichtigen Menschen oder auch Träume, Hoffnungen, Vorstellungen, die er hatte. Dem Armen schließlich mangelt es an jeder Lebensgrundlage. Und genau diese Menschen sollen glückselig sein?
Ich denke, es ist natürlich nicht der Mangel, der sie glücklich macht, aber vielleicht hat es etwas zu tun mit dem Wissen um denselben. Um auf das Beispiel vom Anfang zurückzukommen: Diese Menschen wissen, dass ihr Glas nicht voll ist, sondern dass es Lücken gibt, dass etwas fehlt. Für die Reichen und Satten ist das manchmal gar nicht so einfach zu merken. Ihr Lebensglas ist randvoll mit materiellen Gütern, mit Genuss und Zerstreuungen. Für all diese Dinge steht das Granulat. Dagegen ist es für die, die

arm und hungrig sind und deren Glas vielleicht nur halbvoll ist, schnell klar, dass etwas fehlt. Sie spüren den Mangel an Lebensnotwendigem.

Und möglicherweise meint Jesus mit seinen Worten nicht nur diejenigen, die unter materieller Armut leiden. Ich denke, er spricht auch von den Menschen, die im übertragenen Sinn arm, hungrig und traurig sind. Das können durchaus Menschen sein, denen es materiell gut geht. Doch diese Menschen spüren trotzdem, dass etwas fehlt. Es sind Menschen, die hungern nach einem wahren und erfüllten Leben, nach einem Leben, das einen tiefen Sinn hat und sie zufrieden und glücklich macht. Sie sehnen sich nach Gerechtigkeit und tiefem Frieden, viel mehr als diese Welt es ihnen bieten kann.

Es sind Menschen, die ihre Trauer zulassen und empfinden und nicht überspielen. Trauer über Schmerz und Verluste im eigenen Leben. Trauer über all das Böse und Schlimme, über das Leid in der Welt. Vielleicht auch Trauer, wenn sie sehen, wo diese Welt sich von Gott abgewandt hat und in die Irre geht. So spüren diese Menschen auch in einem materiell abgesicherten Leben dennoch einen Mangel und eine Sehnsucht nach mehr.

Und diese Wahrnehmung von Mangel ist ein Einfallstor für Gott in unser Leben. Diese Sehnsucht nach mehr ist unsere Sehnsucht nach Gott. Denn er allein ist derjenige, der sie stillen kann. Er gibt das lebendige Wasser, das unser Leben zum Wachsen und zum Blühen bringt.

Wenn wir uns mit unserer Trauer, unserer Armut, unseren Grenzen und unserer Bedürftigkeit an Gott wenden, kann unser Mangel zum Segen werden. Denn dann sind wir offen für Gottes Wirken und sein Reich. Dann sind wir bereit, ihn machen zu lassen, was wir selbst nicht vermögen. In einem Leben mit ihm finden wir Fülle und Reichtum, selbst wenn wir arm sind. Bei ihm finden wir Kraft, auch wenn wir schwach sind. Ein Leben in Verbindung mit ihm stillt unseren Hunger nach Erfüllung und Sinn. Und wenn wir unsere Trauer zu ihm tragen, kann er uns trösten und sie in Lachen und neue Hoffnung verwandeln. Das durften alle Menschen erleben, die Jesus begegnet sind, und die sich mit ihren Nöten an ihn gewandt haben. Er hat sie geheilt und befreit, hat ihnen Vergebung zugesprochen und ihnen neue Hoffnung und neues Leben geschenkt.

Wenn wir ihn bitten, wird er auch die Lücken unseres Lebens füllen mit dem Wasser des Lebens, mit dem Reichtum seiner Liebe, mit seiner Nähe und Fürsorge. Wenn wir Gott in unser Leben bitten, dann wird es reich und erfüllt, auch wenn wir nur wenig haben. Dann können wir grünen und aufblühen, wachsen und gedeihen. Weil wir mit unserer Armut Anteil haben dürfen an Gottes Fülle. Dann werden wir tatsächlich glückselig sein, trotz all unserer Mängel. Amen.

Fürbitten:

Herr, unser Gott,
unser Leben und alles, was wir haben, ist ein Geschenk von dir. Wir dürfen damit umgehen und es gestalten. Aber vieles können wir selber nicht machen. Wir sind angewiesen auf dich. So bitten wir dich:

- Komm du in unser Leben mit deiner Liebe, deinem Frieden, deiner Fülle.
- Stärke die Schwachen, die Alten und die Kranken.
- Lass die Einsamen, die Verzweifelten und die Suchenden deine Nähe erfahren.
- Tröste die Weinenden und die Trauernden.
- Sättige die Hungernden.

Denn dein Reichtum ist größer als unser Mangel. Du wirst verwandeln, was uns jetzt bedrückt, und uns froh und zufrieden machen. Im Vertrauen darauf wollen wir zuversichtlich unsere Wege gehen. Amen.

Vaterunser

Lied: Ach bleib mit deiner Gnade, Str. 1–4 (GL436 / EG 347)

Segen:

Gott, der Herr, segne euch,
Er komme euch entgegen und stille eure Sehnsucht.
Er fülle euer Leben mit seinem Reichtum.
Er bleibe euch nahe alle Tage eures Lebens
und schenke euch seinen Frieden.
So segne euch der Vater und der Sohn und der Heilige Geist. Amen.

Gott richtet auf

Die Heilung der gekrümmten Frau – Lk 13,10–13

Begrüßung und Votum

Lied: Die güldne Sonne, Str. 1–2 (GL 704 / EG 449)

Gebet:
Gott, unser Vater,
wir danken dir, dass du uns diesen neuen Tag schenkst. Wir freuen uns, dass wir zu dir kommen können und alles mitbringen dürfen, was uns gerade beschäftigt. Die Freude und die Dankbarkeit, unsere Hoffnungen und Ängste, unseren Kummer und alles, was uns niederdrückt. Richte uns auf durch dein Wort der Liebe, das du zu uns sprichst. Gib unseren müden Gliedern neue Kraft und stärke unsere verzagten Seelen, sodass wir froh und zuversichtlich unseren Blick zum Himmel erheben können und dich für deine Güte und Treue preisen. Amen.

Einführung:
Wie einem Menschen zumute ist, können wir meist schon an seiner Körperhaltung erkennen.

Der Gottesdienstleiter kann folgende Befindlichkeiten mit seiner Körperhaltung ausdrücken und von den Senioren »erraten« lassen: selbstbewusst, ängstlich, hochmütig, aggressiv, bedrückt, traurig.

↗

So können wir oft schon von Weitem und ohne Worte sehen, wie es jemandem geht. Und meist reagieren wir auch spontan darauf. Einem aggressiven Menschen gehen wir aus dem Weg. Einem ängstlichen nähern wir uns behutsam. Einen traurigen möchten wir gerne trösten, usw.
Ich bin überzeugt, auch Gott sieht von Weitem, wie es uns geht. Und Menschen haben immer wieder erlebt, dass er darauf reagiert und jedem gibt, was er braucht, wie auch im folgenden Psalm deutlich wird.

Psalm:

Gott hält die Treue auf ewig.
Recht schafft er den Unterdrückten,
Brot gibt er den Hungernden,
der Herr befreit die Gefangenen.
Der Herr öffnet die Augen der Blinden,
der Herr richtet auf die Gebeugten,
der Herr liebt die Gerechten.
Der Herr beschützt die Fremden,
er hilft auf den Waisen und Witwen.
Ps 146,6b–9

Lied: Was Gott tut, das ist wohlgetan, Str. 1–2 (GL 416 / EG 372)

Schriftwort und Ansprache:

Liebe Seniorinnen und Senioren,
in den Evangelien finden wir viele unterschiedliche Heilungsgeschichten. Blinde, Lahme, Taube, Besessene und Aussätzige werden von Jesus geheilt. Oft sind es die Kranken selbst, die sich an

Jesus wenden und ihn um Hilfe bitten. Manchmal sind es aber auch Familienangehörige oder Freunde, die für sie bitten. In der Geschichte heute ist das etwas anders.

Am Sabbat lehrte Jesus in einer Synagoge.
Und siehe, da war eine Frau, die seit achtzehn Jahren krank war,
weil sie von einem Geist geplagt wurde;
sie war ganz verkrümmt und konnte nicht mehr aufrecht gehen.
Als Jesus sie sah, rief er sie zu sich und sagte:
Frau, du bist von deinem Leiden erlöst.
Und er legte ihr die Hände auf.
Im gleichen Augenblick richtete sie sich auf und pries Gott.
Lk 13,10–13

In dieser Geschichte von der Heilung der gekrümmten Frau geht die Initiative zur Heilung von Jesus aus. Wir hören, dass Jesus am Sabbat in einer Synagoge ist und lehrt. Ich denke, wir können davon ausgehen, dass die Synagoge gut besucht war und viele Menschen zusammengekommen waren, um den bekannten Rabbi zu hören. Und in dieser großen Menge von Menschen, die da vor ihm stehen, nimmt Jesus diese eine Frau wahr, die ihn jetzt braucht.
Die Frau war verkrümmt, heißt es im Text, und konnte sich nicht mehr gerade aufrichten. Es wird auch gesagt, dass es ein Geist war, der sie plagte. Deswegen denke ich, dass bei dieser Frau vor allem die Seele leidet. Sie ist vom Leben gebeugt. Vielleicht wurde sie immer wieder enttäuscht und verletzt. Vielleicht musste sie vieles erleben und erleiden, was sie niedergedrückt hat, was ihr die Lebensfreude und möglicherweise sogar Würde und Ansehen

geraubt hat. Deswegen kann sie sich nicht mehr gerade aufrichten, wie ein gesunder, selbstbewusster Mensch. Sie ist verkrümmt. Ihr Blick ist nur noch auf den Boden gerichtet. Sonst sieht sie nichts mehr von der Welt und vielleicht will sie sonst auch gar nichts mehr von dieser Welt sehen. Sie erwartet nichts mehr von ihr, sie erhofft sich nichts mehr. Eine resignierte, vom Leben gebeugte Frau.

Aber Jesus sieht sie. Er sieht sie an und er sieht ihr Leid. Ich denke, ihm ist klar, dass sie sich niemals von sich aus an ihn wenden würde. Und er ahnt wohl, dass sie niemanden hat, der für sie bittet. Und so ergreift er selbst die Initiative. Er ruft sie zu sich, spricht ihr Heilung zu und legt ihr die Hände auf. Das richtet sie wieder auf. Sie kann ihren Blick wieder heben, die Welt wieder ansehen und Gott preisen, trotz allem, was ihr in ihrem Leben widerfahren sein mag. Jesu Zuwendung und Liebe richten sie wieder auf.

Diese Geschichte berührt mich immer wieder. Ich finde, sie zeigt sehr schön, wie das konkret aussieht, wenn Gott die aufrichtet, die gebeugt sind, wie wir es im Psalm gehört haben.

Zuerst fällt auf, dass Gott die gebeugten Menschen sieht. Er sieht die, die klein gemacht wurden, die das Leben niedergedrückt hat. Er nimmt sie wahr in der Masse der Menschen. Ihre Not und ihr Leid sind seinen Augen nicht verborgen. Und es berührt ihn so sehr, dass er eingreift und ihnen helfen möchte. Gott ruft die Niedergeschlagenen und vom Leben Gekrümmten zu sich. So ruft auch Jesus den Menschen zu: »Kommt alle zu mir, die ihr mühselig und beladen seid! Ich will euch erquicken!« (Mt 11,28). Alles, was uns niederdrückt, was uns beugt und lähmt, dürfen wir mitbringen und vor ihm ablegen. Und dann erhalten wir, wie

die gekrümmte Frau, von ihm die Zusage: »Du bist von deinem Leiden erlöst!« Weil Gott uns sieht, uns Ansehen und Würde gibt, müssen wir nicht mehr verkrümmt durch das Leben gehen. Seine alles übersteigende Liebe heilt die zerschlagenen Seelen.
Zuletzt legt Jesus der Frau die Hände auf. Er berührt sie und segnet sie. Er kommt ihr ganz nahe. Er versichert sie seiner Nähe für ihr weiteres Leben.
So möchte Gott auch uns aufrichten und uns unsere Zuversicht und unseren Lebensmut zurückgeben. Wir dürfen uns von ihm rufen, heilen und segnen lassen. Amen.

Fürbitten:

Herr, unser Gott,
du rufst die Mühseligen und Beladenen zu dir, um sie zu erquicken. Deswegen kommen wir mit allen Lasten, die uns und andere bedrücken, vor dich.

– Wir bringen dir alles, was uns in unserem Leben verkrümmt und niedergedrückt hat.

Kurze Stille

– Wir bringen dir unsere körperlichen Gebrechen, unsere Ängste und unsere Traurigkeiten.

Kurze Stille

– Wir bringen dir die Sorgen um unsere Familien und Freunde.

Kurze Stille ↗

Wir bringen dir alle Menschen, die vom Leben gebeugt sind oder ihrer Würde und ihres Ansehens beraubt wurden. Richte sie und uns alle auf durch dein Wort, durch deinen wertschätzenden Blick und deine liebevolle Zuwendung. Amen.

Vaterunser

Lied: Im Frieden dein, Str. 1–3 (GL 216 / EG 222)

Segen:

Gott, der Herr, schenke euch, was für euch heilsam ist.
Er richte euch auf aus allem, was euch niederdrückt.
Er stärke euch auf allen euren Wegen.

So segne und behüte euch der Vater und der Sohn und der Heilige Geist. Amen.

Unter Gottes Schutz

Gott ist meine Burg – Psalm 91,1–11

Material:

- eine Spielzeug-Burg (z.B. von Playmobil) und zwei passende Spielfiguren (eine neutrale Figur, ein Engel mit Schwert)
- braunes Tuch

Die Burg ist von Beginn an aufgebaut. Das braune Tuch symbolisiert den Weg zur Burg. Die neutrale Figur steht außerhalb der Burg, am anderen Ende des Weges.

Begrüßung und Votum

Lied: Liebster Jesu, wir sind hier, Str. 1+3 (GL 149 / EG 161)

Gebet:

Herr, unser Gott, bei dir sein zu dürfen ist unser Trost und unsere Freude. Wir freuen uns, dass wir auch heute wieder zu dir kommen können. Wir danken dir, dass du uns mit offenen Armen empfängst, sooft wir zu dir kommen. Du nimmst uns an, wie wir sind und mit allem, was wir mitbringen. All unsere Not, unseren Kummer und unsere Sorgen dürfen wir bei dir abladen und dich um deine Hilfe und dein Erbarmen bitten.
So segne nun unser Zusammensein und den Gottesdienst, den wir gemeinsam feiern. Gib uns neue Kraft und stärke uns für unseren Weg. Lass uns spüren, dass du mitten unter uns bist, heute und alle Tage. Amen.

Einführung:

Burgen und Schlösser ziehen uns auch heute noch magisch an, selbst wenn man manche Burgen nur noch als Ruinen vorfindet. Da gibt es oft noch Räume und Keller, die man entdecken kann, was besonders Kinder gerne machen. Dann natürlich die mächtigen Mauern und die Türme, die sie zum Schutz umgeben. Und nicht zuletzt sind Burgen meist so gelegen, dass man eine wunderbare Aussicht hat. Deswegen sind sie beliebte Ausflugsziele.

→ Kennen Sie Burgen hier in der Umgebung oder weiter weg, die Sie einmal besucht haben?

→ Wie fühlen Sie sich in einer Burg?

Psalm:

Herr, du mein Fels und meine Burg und mein Retter;
mein Gott, mein Fels, bei dem ich mich berge,
mein Schild und Horn meines Heils, meine Zuflucht.
Ps 18,3

Lied: Wer nur den lieben Gott lässt walten, Str. 1–3 (GL 424 / EG 369)

Schriftwort und Ansprache:

Liebe Seniorinnen und Senioren,
in den Psalmen finden wir sehr schöne und sprechende Bilder für Gott. Eines davon ist das Bild der festen Burg. Das kommt gleich in mehreren Psalmen vor. Ich habe Ihnen heute Verse aus Psalm 91 mitgebracht. Diese möchte ich mit Ihnen jetzt abschnittsweise lesen und einige Gedanken dazulegen.

Wer im Schutz des Höchsten wohnt,
der ruht im Schatten des Allmächtigen.
Ich sage zum Herrn: Du meine Zuflucht und meine Burg,
mein Gott, auf den ich vertraue.
V. 1–2

Mir scheint, der Verfasser dieses Psalms ist nicht mehr ganz jung. Er hat in seinem Leben schon einiges erlebt. Die Erfahrungen, die er dabei mit Gott gemacht hat, möchte er nun mit anderen teilen. Sein Fazit ist: Gott ist Zuflucht und Burg, ihm will ich vertrauen! Für ihn ist Gott ein starker und verlässlicher Schutz gegen alle Widrigkeiten des Lebens. Und das führt er in den nächsten Versen noch näher aus:

Er beschirmt dich mit seinen Flügeln,
unter seinen Schwingen findest du Zuflucht,
Schild und Schutz ist seine Treue.
Du brauchst dich vor dem Schrecken der Nacht nicht zu fürchten,
noch vor dem Pfeil, der am Tag dahinfliegt. (...)
Mit deinen Augen wirst du es schauen,
wirst sehen, wie den Frevlern vergolten wird.
Ja, du, Herr, bist meine Zuflucht.
Den Höchsten hast du zu deinem Schutz gemacht.
V. 4–5.8–9

Das erste Bild kommt aus der Tierwelt. Vogeleltern breiten zum Schutz gerne die Flügel über ihre kleinen und hilflosen Küken, um sie vor Fressfeinden zu verbergen und zu schützen. Bei dem nächsten Bild von Schild und Schutz sind wir dann bei der Burg.

Auf der Burg wohnte früher ja der Ritter, der Edelmann. Und auf dem Land ringsumher die Bauern, die das Land bestellten und die Burg mitversorgten. War allerdings Gefahr im Verzug, kamen fremde Soldaten oder andere Bedrohungen ins Land, dann durften auch die Bauern in die Burg gehen und dort hinter den festen Mauern Schutz suchen. Denn so, wie es die Pflicht der Bauern war, die Burg mit Lebensmitteln und allem anderen zu versorgen, so war es die Pflicht des Burgherrn, die Bauern zu schützen und das Land zu verteidigen. Das war *sein* Teil der Abmachung, *seine* Treue gegenüber den Bauern. Und dort in der Burg hinter den dicken Mauern waren sie sicher vor allen Bedrohungen.
Genauso hat der Psalmbeter Gott erlebt. Als einen Herrn, der treu ist, der die Seinen schützt. Wenn man bei ihm ist, muss man keine Angst mehr haben. Weder nachts noch am Tag. Bei ihm ist ein sicheres Versteck.

Die Figur tritt durch das Tor in die Burg ein. Das Tor wird hinter ihr geschlossen.

Auch wir haben unsere Ängste und Sorgen, unsere Nöte und unseren Kummer. Auch unser Leben kann durch schlimme Ereignisse, durch Krankheit und Tod bedroht werden. Was können wir dann tun? Weithin sichtbar wie eine Burg steht Gottes Angebot seiner Treue und Fürsorge. Aber es liegt an uns, ob wir uns auf den Weg dorthin machen und Schutz suchen bei Gott. Zu ihm können wir alles mitbringen, was uns gerade zu schaffen macht und ihn um Schutz und Hilfe bitten. Wir dürfen ihn bitten, für uns und mit uns zu kämpfen und er wird sich für uns einsetzen.

Dessen ist sich der Psalmbeter sicher, denn Gott ist treu. Bei ihm können wir ausruhen und neue Kraft tanken.

Und wenn ich mir vorstelle, dass die Burg auf einem Berg liegt, dann bekommt man von dort oben vielleicht auch einen anderen Blick auf die Dinge. Und manches sieht aus der neuen Perspektive dann möglicherweise gar nicht mehr so beängstigend und bedrohlich aus.

Doch wir wissen alle, ewig kann man sich nicht verstecken. Irgendwann muss man die schützende Burg wieder verlassen und heimgehen, dorthin, wo man hergekommen ist. Man muss das Leben dort wieder aufnehmen, wo man es verlassen hat. Nach diesem Gottesdienst, nach unseren Gebeten und unserer stillen Zeit mit Gott müssen wir wieder zurück in unseren Alltag und das Leben dort bewältigen. Aber auch da hat der Psalmbeter eine ermutigende Erfahrung gemacht. Gottes Schutz beschränkt sich nicht nur auf die Burg. Er hat noch eine »mobile Einsatztruppe«, die er denen mit auf den Weg gibt, die bei ihm Schutz gesucht haben:

Dir begegnet kein Unheil,
deinem Zelt naht keine Plage.
Denn er befiehlt seinen Engeln,
dich zu behüten auf all deinen Wegen.
V. 10–11

Die Figur verlässt die Burg wieder, begleitet von dem bewaffneten Engel.

Das ist doch eine schöne Vorstellung. Auch in unserem Alltag sind wir begleitet und beschützt. Gerade in Gefahren und in dem,

was uns schwerfällt. Die Kraft und die Zuversicht, die wir bei Gott tanken konnten, verschwinden nicht einfach. Sie begleiten uns weiter. Und auch die veränderte Sicht auf unsere Probleme dürfen wir mitnehmen. Gott lässt uns nicht allein.
Liebe Seniorinnen und Senioren, vielleicht durften auch Sie in Ihrem Leben Gott immer wieder als so eine schützende Burg erfahren. Auf jeden Fall wünsche ich uns allen, dass wir Gott so erleben dürfen. Dass wir die Erfahrung machen dürfen, bei Gott eine sichere Zuflucht zu haben, wenn wir mit unseren Ängsten und Nöten zu ihm kommen. Und dass wir seine treue Begleitung auch in unserem Alltag erleben können. So dass wir mit dem Psalmbeter sagen können:

Wer im Schutz des Höchsten wohnt,
der ruht im Schatten des Allmächtigen.
Ich sage zum Herrn: Du meine Zuflucht und meine Burg,
mein Gott, auf den ich vertraue. Amen.
V. 1–2

Fürbitten:

Herr, unser Gott,
du bist unsere Burg, unsere Zuflucht in allen Nöten. Nimm uns auf und stärke uns, wenn wir bei dir Schutz suchen.

- Ermutige und begleite uns auf unserem Weg.
- Schütze unsere Familien und alle, die uns nahestehen.
- Sei Zuflucht für die Einsamen und Traurigen.
- Beschirme die, die Schutz suchen vor Krieg und Gewalt.
- Umarme die Kranken und Sterbenden.

Denn du bist unser Retter, unser Gott, dem wir vertrauen. Amen.

Vaterunser

Lied: Wer unterm Schutz des Höchsten steht, Str. 1–2 (GL 423) *oder* Ein feste Burg ist unser Gott, Str. 1–2 (EG 362)

Segen:

Der Herr segne und behüte euch.
Der Herr lasse sein Angesicht leuchten über euch und sei euch gnädig.
Der Herr wende euch sein Angesicht zu und schenke euch seinen Frieden. Amen.

Schön wäre hier auch ein persönlicher Segen bei jedem Einzelnen: Frau/Herr ..., Gott, der Herr segne dich; er beschütze und stärke dich auf allen deinen Wegen.

Aufstehen

Elija in der Wüste – 1 Kön 19,1–8

Material:

- gelbes Tuch
- ein Ginsterzweig (oder ein grüner Zweig von einem anderen Busch)
- Engel-Figur
- ein Brot
- ein Krug mit Wasser

Das Tuch liegt in der Mitte.

Begrüßung und Votum

Lied: Die güldne Sonne, Str. 1–2 (GL 704 / EG 449)

Gebet:

Herr, unser Gott,
wir danken dir, dass wir heute aufstehen und zum gemeinsamen Gottesdienst hier zusammenkommen konnten. Denn es gibt auch Tage, da fühlen wir uns müde und schwach. Wir danken dir, dass du mit deinem liebenden Blick auf uns schaust. Dir ist nichts verborgen. Du siehst, wenn wir mutlos sind. Du kennst unsere Hoffnungen, unsere Stärke und unsere Mühsal. Du hörst, wenn wir zu dir rufen und sorgst für uns. Hilf uns, deiner Liebe und deiner Fürsorge zu vertrauen. Segne du jetzt unser Zusammensein und stärke uns durch dein Wort und deinen Geist. Amen.

Einführung:

Aufstehen und erst einmal etwas essen – für die meisten Menschen ist das jeden Morgen selbstverständlich.

→ Ich könnte mir aber vorstellen, dass Sie da auch schon andere Erfahrungen gemacht haben, dass das Aufstehen an manchen Tagen schwerfällt oder ganz unmöglich ist.

Manchmal fällt das Aufstehen schwer, z. B. wenn man krank ist oder alt und der Körper nicht mehr so mitmacht. Das Aufstehen kann einem aber auch schwerfallen, wenn es einem seelisch nicht gut geht. Bei großem Kummer, bei unüberwindlich scheinenden Problemen oder nach Enttäuschungen fühlen wir uns manchmal so traurig, mutlos und kraftlos, dass wir nicht wissen, wie wir uns wieder aufraffen sollen.

Eine Geschichte aus dem Leben des Propheten Elija zeigt uns, was oder wer uns helfen kann, wieder aufzustehen.

Lesung:

Der Herr gibt dem Müden Kraft,
dem Kraftlosen verleiht er große Stärke.
Die Jungen werden müde und matt,
junge Männer stolpern und stürzen.
Die aber auf de Herrn hoffen,
empfangen neue Kraft, wie Adlern wachsen ihnen Flügel.
Sie laufen und werden nicht müde,
sie gehen und werden nicht matt.
Jes 40,29–31

Lied: Befiehl du deine Wege, Str. 1–2 (GL 418 / EG 361)

Schrifttext und Ansprache:

Liebe Seniorinnen und Senioren,
wir hören heute eine Episode aus dem Leben des großen Propheten Elija aus dem Alten Testament. Er hatte leidenschaftlich für die Sache Gottes gekämpft. Doch weil er dabei sehr kompromisslos gegen die Baalspriester vorgegangen war, trachtete ihm die Königin Isebel, die Frau von König Ahab, nun nach dem Leben. Aus Furcht vor der Verfolgung flüchtete er alleine in die Wüste.

Elija ging eine Tagereise weit in die Wüste hinein.
Dort setzte er sich unter einen Ginsterstrauch
und wünschte sich den Tod.
Er sagte: Nun ist es genug, Herr.
Nimm mein Leben; denn ich bin nicht besser als meine Väter.
Dann legte er sich unter den Ginsterstrauch und schlief ein.
Doch ein Engel rührte ihn an und sprach: Steh auf und iss!
Als er um sich blickte, sah er neben seinem Kopf Brot,
das in glühender Asche gebacken war,
und einen Krug mit Wasser.
Er aß und trank und legte sich wieder hin.
Doch der Engel des Herrn kam zum zweiten Mal,
rührte ihn an und sprach:
Steh auf und iss! Sonst ist der Weg zu weit für dich.
Da stand er auf, aß und trank
und wanderte, durch diese Speise gestärkt,
vierzig Tage und vierzig Nächte bis zum Gottesberg Horeb.
1 Kön 19,4–8

Elija ist an einem Tiefpunkt angelangt. Nach allem, was passiert ist, ist er am Boden zerstört und seines Lebens müde. Er zweifelt an dem Sinn und Erfolg seiner Worte und Taten. Er zweifelt an seinem Leben, an sich und an Gott. Und so fällt er völlig in sich zusammen. Er empfindet sich als gescheitert und weiß nicht, wie es weitergehen soll. Und so flieht er in die Wüste, wo er sich kraftlos unter einen Ginsterbusch fallen lässt.

Der grüne Zweig wird auf das gelbe Tuch gelegt.

Vielleicht kennen sie aus Ihrem Leben ähnliche Situationen. Manchmal ist es nur ein kleines Ereignis, manchmal eher eine Katastrophe, und auf einmal sieht man sich und sein ganzes Leben in Frage gestellt und fragt nach dem Sinn. Was soll das alles? Was mache ich hier überhaupt? Habe ich völlig versagt?

Elija kennt diese Fragen auch. Und bei ihm sind sie so übermächtig, dass er sich sogar den Tod wünscht. »Nun ist es genug, Herr!« sagte er. »Nimm mein Leben; denn ich bin nicht besser als meine Väter.« In diesen Worten klingt für mich an, dass er es gut machen wollte, besser als die vor ihm. Er wollte etwas bewegen, zum Besseren verändern, eine Spur hinterlassen, die weiterführt, die zu Gott führt. Und jetzt ist er nicht mehr sicher, ob ihm das gelungen ist, ob ihm überhaupt irgendetwas gelungen ist. Solche Gedanken können einem in der Tat die Kraft und jeden Lebensmut rauben.

Doch Gott lässt seinen Diener in dieser Situation nicht alleine. Er schickt ihm einen Engel und etwas zum Essen und zum Trinken.

Der Engel und der Wasserkrug werden auf das Tuch gestellt.

Der Engel berührt ihn und er fordert ihn auf, aufzustehen und sich mit dem Brot und dem Wasser zu stärken. »Denn«, so sagt ihm der Engel, »sonst ist der Weg zu weit für dich.«
Ich glaube, Gott lässt auch uns nicht alleine, wenn wir müde und kraftlos sind und nicht mehr weiterwissen. Er schickt auch uns einen rettenden Engel. Aber wie kann unser Engel aussehen? Der Text sagt uns, es ist jemand oder etwas, das uns berührt und unseren Durst stillt, der uns Mut macht, weiterzugehen – trotz allem. Das kann ein Mensch sein, der für uns da ist, der nach uns schaut und uns zuhört, der uns durch Worte oder Taten neue Wege und Möglichkeiten zeigt. Das kann ein Gottesdienst, ein Bibelwort oder ein Lied sein, das uns berührt. Ein Bild, das uns anspricht, oder ein Musikstück, das unser Herz bewegt. Es gibt viele Möglichkeiten wie wir plötzlich spüren können, dass Gott da ist, dass er uns durch seine helfende und tröstende Nähe aufrichten und stärken will. Und ich denke, dass Gott bei jedem den richtigen Weg findet.

Das Brot wird auf das Tuch gelegt.

Das Brot, das der Engel Elija bringt, erinnert mich an die Eucharistie oder das Abendmahl. In dieser Feier möchte Jesus uns ganz konkret sagen: »Ich bin da, ganz nah bei dir. Ich begleite dich und stärke dich für deinen Weg.« Hier erleben wir Jesus selbst als unseren rettenden Engel, unsere Stärkung, unseren Wegbegleiter.
Der Engel bei Elija gewährt ihm zunächst die Pause, die er braucht, um wieder zu Kräften zu kommen. Aber dann macht er ihm auch unmissverständlich klar: »Steh auf und iss! Sonst ist der Weg zu weit für dich!« Nach der Stärkung geht es weiter. Der

Weg ist noch nicht zu Ende. Elijas Problem, sein lebensbedrohlicher Konflikt mit der Königin, ist nicht weg. Er muss dort weitermachen, wo er aufgehört hat und geflohen ist. Aber er hat neue Kraft gewonnen und neue Zuversicht. Er ist sich wieder sicher, dass Gott mit ihm geht, dass er »Ja« zu ihm sagt und dass er nicht alleine ist auf seinem schwierigen Weg. Er kann wieder auf Gott vertrauen. Darauf, dass er sein Leben in den Händen hält, dass er den Weg und das Ziel kennt. Und auch den Sinn. So gelingt es ihm, wieder aufzustehen.

Und wenn der Engel sagt »...sonst ist der Weg zu weit für dich«, dann heißt das einerseits, dass es weiterhin anstrengend bleiben wird, aber andererseits heißt das auch: Es gibt einen Weg. Einen Weg, den du gehen kannst. Es geht weiter. Und Gott geht mit. Amen.

Fürbittgebet:

Gott, unser Vater,

das Leben ist nicht immer leicht und oft fühlen wir uns müde und kraftlos.

Bitte stärke du uns immer wieder neu für den Weg, der vor uns liegt. Und wenn wir zweifeln, lehre uns vertrauen, dass wir und unser Leben aufgehoben sind bei dir.

Stärke auch alle anderen, die der Stärkung bedürfen:

- die Einsamen und Kranken,
- die Zweifelnden und Trauernden,
- alle, die viel arbeiten müssen in Beruf und Familie.

Wir danken dir, dass du an uns denkst und uns in unserer Mühsal nicht alleine lässt. Bleibe uns nahe mit deiner Liebe und Fürsorge, heute und alle Tage. Amen.

Vaterunser

Lied: Im Frieden dein, Str. 1–3 (GL 216 / EG 222)

Segen:
Gott segne deine Schwäche
und lasse dich erfahren seine Kraft.

Gott segne die Ungewissheit
und mache dich gewiss seiner Gegenwart.

Gott segne deine schlaflosen Nächte
und lasse den Glauben in dir wachsen,
dass er dich führt.[4]

So segne dich
der Vater und der Sohn und der Heilige Geist. Amen.

4 Aus: Wilma Klevinghaus, Gott segne das Dunkel © beim Rechtsnachfolger.

Gott ist mein Trost

Der Gott allen Trostes – 2 Kor 1,3+4

Material:

- Bild einer Mutter, die ihr Kind tröstet
- Bild einer großen Eiche

Begrüßung und Votum

Lied: All Morgen ist ganz frisch und neu, Str. 1–4 (EG 440)
oder Singt dem Herrn ein neues Lied, Str. 1–3 (GL 409)

Gebet:

Herr, unser Gott,
wir freuen uns, dass wir heute zum gemeinsamen Gottesdienst zusammenkommen können. Wir danken dir für deine Nähe in guten und in schlechten Zeiten. Du bist nicht fern, wenn wir zu dir beten. Du hörst die Lieder, die wir dir zum Lob singen. Du erbarmst dich über uns, wenn wir zu dir kommen mit unseren Ängsten und Sorgen, unserer Traurigkeit und Einsamkeit. Du bist unser Trost und Halt in allen Nöten und allem Kummer. Du bleibst bei uns und hältst uns, was auch geschehen mag. Wir danken dir für deine verlässliche Liebe und Treue, die uns immer wieder neue Zuversicht geben. So legen wir diesen Tag und alles, was er bringen mag, voll Vertrauen in deine Hände. Amen.

Lesung:

Gott spricht:
»Wie einen Mann, den seine Mutter tröstet,
so tröste ich euch.«
Jes 66,13a

Einführung:

Dieses Wort aus dem Buch des Propheten Jesaja finde ich wunderschön. Gott wird verglichen mit einer Mutter, die ihren erwachsenen Sohn tröstet.

Das Bild von der Mutter, die ihr Kind tröstet, wird aufgestellt.

Eine Mutter, die ihr Kind tröstet. Das ist ein Bild, das in uns allen Erinnerungen und Gefühle hervorruft.

→ Erinnern Sie sich an Momente, in denen Sie von Ihrer Mutter getröstet wurden?

Später sind Sie vielleicht selbst Mutter oder Vater geworden und haben Ihre weinenden Kinder getröstet.

→ Wie haben Sie das gemacht?

→ Was war Ihnen in Ihrem Leben Trost?

Lied: Was Gott tut, das ist wohlgetan, Str. 1–2 (GL 416 / EG 372)

Schriftwort und Ansprache:

Gepriesen sei der Gott und Vater unseres Herrn Jesus Christus,
der Vater des Erbarmens und Gott allen Trostes.
Er tröstet uns in all unserer Not,
damit auch wir die Kraft haben, alle zu trösten, die in Not sind,
durch den Trost, mit dem auch wir von Gott getröstet werden.
2 Kor 1,3+4

Liebe Seniorinnen und Senioren,
in diesen zwei Versen aus dem 2. Korintherbrief, die ich Ihnen eben vorgelesen habe, ist viel von Trost die Rede. Das Wort *Trost* kommt – genau wie das Wort *treu* – von dem indogermanischen Wort *deru*, was *Eiche, Baum* bedeutet. Und das wiederum steht für *Festigkeit* – wie eine Eiche eben.

Das Bild der Eiche wird neben das andere Bild gestellt.

Trost hat also etwas mit Festigkeit zu tun. Denn trösten kann nur der, der sich selber nicht von dem Elend, das den anderen getroffen hat, überwältigen lässt. Anlehnen kann man sich nur bei jemandem, der selbst fest steht. Neue Kraft bekommen nur von dem, der mit seinen Kräften noch nicht am Ende ist. Und genau darum geht es beim Trost-Spenden.
Wenn das Kind mit dem aufgeschlagenen Knie zur Mutter kommt und sie es tröstend in den Arm nimmt, dann wird das Knie davon nicht heil und die Schmerzen gehen nicht weg. Aber das Kind spürt, dass es mit seinem Kummer nicht allein ist. Da ist jemand, der es nicht allein lässt, der ihm Halt gibt, im wahrsten Sinn des Wortes. ↗

Und wenn die Mutter ruhig bleibt angesichts von Kummer und Leid, dann zeigt das dem Kind, dass die Welt davon vielleicht doch nicht untergeht. Sondern dass es wohl einen Weg gibt, dass alles wieder gut wird. So bekommt das Kind neue Zuversicht: Ich kann das schaffen, denn die Mutter ist da, sie kennt sich aus und steht fest und verlässlich hinter mir.

Paulus schreibt, dass Gott der Gott allen Trostes ist, der uns tröstet in aller unserer Not. Ja, Gott ist der letzte, feste und verlässliche Grund. Seine Liebe und Treue zu uns sind durch nichts zu erschüttern. Er steht fest, egal was in unserem Leben wankt und erschüttert wird. Zu ihm können wir jederzeit kommen, wenn wir Trost brauchen. D. h. wenn unser Leben anfängt zu wackeln, wenn wir den Boden unter den Füßen verlieren, wenn wir in aller Unsicherheit einen festen Halt brauchen.

Und das ist der Trost: dass Gott treu ist und uns nicht alleine lässt. Er ist verlässlich da. Das ist sein Name: Ich bin da.

Das gibt uns neue Zuversicht, das Leben anzupacken; wieder aufzustehen, wenn wir hingefallen sind, den Wunden Zeit zu geben zum Heilen, das Leben neu zu ordnen, wenn es durcheinandergeraten ist. Denn mit seinem Trost lässt Gott uns teilhaben an seiner Stärke und seiner Zuversicht. Er macht alles gut.

Und wenn wir so getröstet und gestärkt sind durch unser Vertrauen in Gott, dann werden wir selber fest und können andere trösten.

Wir dürfen und sollen den Trost Gottes weitergeben, sagt Paulus. Und das ist gar nicht so schwer. Da sein, zuhören und vielleicht auch in die Arme nehmen, das reicht oft schon. Den Glauben, den Sie in einem langen Leben erworben haben, weitergeben und leben. Denn auch das tröstet: Wenn man sieht, wie ein anderer schwierige Zeiten aus seiner Glaubensstärke heraus gemeistert hat. Auch im Leben der anderen können wir Gottes Treue erkennen.

Am besten erkennen wir sie in Jesus Christus. Er ging glaubend und vertrauend durch Leid und Tod und wurde von Gott auch da nicht alleingelassen. Sondern Gott hat ihn zu neuem, ewigen Leben erweckt. Das ist unsere Hoffnung, unser Glaube und unser Trost. Amen.

Fürbitten:

Herr, unser Gott,
du bist unser Trost, unser Fels, unsere Burg. Dafür danken wir dir. Auf dich können wir vertrauen in allen Zeiten unseres Lebens, seien es gute oder schwere. Zu dir können wir kommen, wann immer wir Trost und Hilfe brauchen. So bitten wir dich heute:

- Schütze und begleite unsere Familien und Freunde.
- Sei nahe allen Kranken und Sterbenden.
- Tröste die Traurigen und Verzweifelten.
- Stärke die Verzagten und die Mutlosen.

Denn deine Liebe und Treue bleiben in Ewigkeit. Amen.

Vaterunser

Lied: Nun danket alle Gott, Str. 1–3 (GL 405 / EG 321)
oder Wir wollen alle fröhlich sein, Str. 1–4 (GL 326 / EG 100)

Segen:

Der Gott allen Trostes segne euch.
Er sei euch Zuflucht in aller Bedrängnis,
Zuversicht in allen Zweifeln,
Trost in allem Kummer.

So segne und behüte euch der dreieinige Gott,
der Vater und der Sohn und der Heilige Geist. Amen.

Gott sieht und wertschätzt das Verborgene

Vom Almosengeben – Mt 6,1–4

Material:

- eine auffallende, große Blume (z. B. Dahlie)
- ein kleines, unscheinbares Blümchen (z. B. Vergissmeinnicht oder Veilchen)

Beide Blumen stehen zu Beginn des Gottesdienstes bereits in der Mitte.

Begrüßung und Votum

Lied: Allein Gott in der Höh sei Ehr, Str. 1–2 (GL 170 / EG 179)

Gebet:

Gott, unser Vater,
wir danken dir, dass wir heute Morgen gemeinsam Gottesdienst feiern können. Du bist da, mitten unter uns, auch wenn wir dich nicht sehen können. Aber du siehst uns. Deinem liebenden Blick bleibt nichts verborgen. Nicht die Unruhe und die Schmerzen in der Nacht, nicht die Freude am Tage über die kleinen Zeichen der Liebe und die unauffälligen Schönheiten am Wegesrand. Du kennst unser Leben. Du weißt um unsere Wünsche und unsere Befürchtungen und um die Geheimnisse, die wir mit uns tragen. Du nimmst uns an, mit allem, was wir mitbringen. Lass uns deine Liebe und Nähe und, wo nötig, auch deine Vergebung erfahren, wenn wir nun gemeinsam singen und beten und auf dein Wort hören. Amen.

Einführung:

Es gibt ganz verschiedene Blumen: Solche mit großen, schönen Blüten, die die Aufmerksamkeit und Bewunderung schnell auf sich ziehen. Und es gibt die kleinen Blumen mit unscheinbarer Blüte, die eher im Verborgenen blühen. Trotzdem sind auch diese oft sehr schön und wertvoll. Die meisten Heilpflanzen gehören zu ihnen. Man muss manchmal nur etwas genauer hinschauen, um ihre Schönheit zu erkennen.

Die Blume wird herumgegeben, damit sie besehen werden kann.

→ Erinnern Sie sich an Momente, Dinge oder Menschen, bei denen Sie die Schönheit oder den Wert erst bei genauerem Hinsehen entdeckt haben?

Heute hören wir, dass Gott uns kennt, auch unsere verborgene Schönheit.

Psalm:

Herr, du hast mich erforscht und kennst mich.
Ob ich sitze oder stehe, du kennst es.
Du durchschaust meine Gedanken von fern.
Ob ich gehe oder ruhe, du hast es gemessen.
Du bist vertraut mit all meinen Wegen.
Ja, noch nicht ist das Wort auf meiner Zunge,
siehe, Herr, da hast du es schon völlig erkannt.
Von hinten und von vorn hast du mich umschlossen,
hast auf mich deine Hand gelegt.
Zu wunderbar ist für mich dieses Wissen,
zu hoch, ich kann es nicht begreifen. (*Ps 139,1–6*)

Lied: Lobe den Herren, Str. 1+3–4 (GL 392 / EG 316)

Schriftwort und Ansprache:

Hütet euch, eure Gerechtigkeit vor den Menschen zu tun,
um von ihnen gesehen zu werden;
sonst habt ihr keinen Lohn von eurem Vater im Himmel
zu erwarten.
Wenn du Almosen gibst, posaune es nicht vor dir her,
wie es die Heuchler in den Synagogen und auf den Gassen tun,
um von den Leuten gelobt zu werden!
Amen, ich sage euch: Sie haben ihren Lohn bereits erhalten.
Wenn du Almosen gibst,
soll deine linke Hand nicht wissen, was deine rechte tut,
damit dein Almosen im Verborgenen bleibt;
und dein Vater, der auch das Verborgene sieht,
wird es dir vergelten.
Mt 6,1–4

Liebe Seniorinnen und Senioren,
in diesem Text begegnen uns erst einmal Menschen, die in ihrem Handeln und Auftreten sehr auffallend sind. So wie die schöne, große Blume. Bei allem Guten, was sie tun, sorgen sie dafür, dass es auch alle mitbekommen. Denn dann werden sie bewundert und bekommen Lob und Anerkennung für ihre guten Taten. Auch heute gibt es solche Menschen, die immer dafür sorgen, dass möglichst viele es mitbekommen, wenn sie etwas Gutes tun.
Jesus sieht dieses Verhalten kritisch. Zu groß ist die Gefahr, dass man das Gute nicht mehr für den anderen, sondern um der eigenen Anerkennung willen tut. Jesus ist hier eher für die leisen

Töne. Wer still und unauffällig gibt, der gibt wirklich dem anderen zuliebe und nicht für die eigene Eitelkeit.

Ich denke, im weiteren Sinne geht es hier nicht nur um Almosen im Sinne von Geld. Es geht um alle Gelegenheiten, bei denen wir für andere etwas von uns selbst hergeben, ohne die Erwartung, von ihnen wieder etwas zurückzubekommen. Das kann natürlich Geld sein, aber auch Zeit, die wir jemandem schenken, Arbeit, die wir für jemanden investieren, Unterstützung, die wir leisten und Wegbegleitung, die wir anbieten. Und manchmal ist es auch einfach ein Zurückstellen und Zurücknehmen von eigenen Wünschen und Bedürfnissen, um dem anderen die seinen zu ermöglichen.

Wenn Sie einmal an Ihr bisheriges Leben zurückdenken, dann ist da bestimmt einiges zusammengekommen: Bei der Arbeit, beim Besorgen des Haushalts, bei der Versorgung und Erziehung der Kinder, bei der Pflege von kranken Familienangehörigen. Sie haben den Nachbarn geholfen und manchmal auch Fremden, denen Sie begegnet sind und die gerade Hilfe nötig hatten. Sie haben schwierige Menschen ausgehalten und geduldig begleitet und unterstützt und vieles, vieles mehr. Für manches haben Sie vielleicht Dank bekommen, anderes ist unbemerkt geblieben. Es sind diese kleinen Taten der Liebe, die vielfach im Verborgenen geschehen, still und leise und ohne großes Aufheben. So wie die kleinen Blumen, die im Verborgenen blühen.

Und es ist diese Art des Gebens, die Jesus mag. Ihm geht es nicht darum, dass die Menschen unsere guten Taten mitbekommen und *uns* loben, sondern Gott. »Dein Vater, der auch das Verborgene sieht, wird es dir vergelten.« Gott sieht auch – oder vielleicht sogar besonders – diese kleinen Liebestaten, die im Verborgenen geschehen. Und er wird sie alle anerkennen und belohnen. Bei seinem

Blick ins Verborgene bleibt kein Almosen und keine Liebestat, und sei sie noch so klein, unbemerkt. Und so dürfen wir sicher sein, dass alles, was wir in unserem Leben an Gutem getan haben, bei Gott aufgehoben und wertgeschätzt ist und bei ihm seine Anerkennung finden wird. Auch das, was von den Menschen vielleicht nie bemerkt wurde. Denn nichts, was wir aus Glauben und Liebe tun und getan haben, ist verloren oder umsonst. Es wird seine Früchte tragen und Anerkennung finden bei Gott, unserem Vater, der auch in das Verborgene sieht und es vergelten wird. Amen.

Fürbittgebet:

Gott, unser Vater,
in unserer Welt gibt es viel Schweres; aber es gibt immer auch Menschen, die sich in Liebe den anderen zuwenden, die oft in aller Stille anpacken und helfen, die Not zu lindern. Sie lassen uns deine Zuwendung erfahren.
So bitten wir dich heute für alle, die uns in unserem Leben Gutes geschenkt haben, die da waren, wenn wir Hilfe und Unterstützung gebraucht haben.
Und wir bitten dich für alle, die sich um andere sorgen:

- für die Eltern, Lehrer und Erzieher, für die Menschen in Pflegeberufen,
- für die, die sich um die Menschen am Rande der Gesellschaft und in armen Ländern kümmern,
- für alle, die auch im Alltag den Blick für den Nächsten nicht verlieren.

Stärke sie und lass sie und uns alle erfahren, dass keine Tat der Liebe verloren ist, sondern dass du jede von ihnen bewahren und vergelten wirst. Amen.

Vaterunser

Lied: Wohl denen, die da wandeln, Str. 1–3 (GL 543 / EG 295)

Segen:

Der Herr segne und behüte dich,
der Herr lasse sein Angesicht leuchten über dir
und sei dir gnädig.
Der Herr wende dir sein Angesicht zu
und schenke dir seinen Frieden.

So segne euch der Vater und der Sohn und der Heilige Geist.
Amen.

Gott lässt wachsen (Erntedank)

Gleichnis von der selbstwachsenden Saat – Mk 4,26–29

Material:

- ein schön gestalteter Erntedankaltar mit verschiedenem Obst und Gemüse
- Getreideähren
- evtl. Brot
- eine Schale mit keimendem Getreide

Begrüßung und Votum

Lied: Lobet den Herren, Str. 1–3 (GL 81 / EG 447)

Gebet:

Herr, unser Gott,
wir danken dir für den neuen Tag, den du uns schenkst, und für die Früchte, die auf den Feldern und in den Gärten gewachsen sind. Wir danken dir, dass du uns immer mit allem Lebensnotwendigen versorgt hast. Auch unser Leben hast du fruchtbar gemacht. Dankbar dürfen wir auf unsere Kinder und Enkelkinder schauen und auf das, was wir in unserem Leben geschafft haben, auf die Spuren, die wir hinterlassen haben. Du segnest alles, was wir im Glauben und in der Liebe in diese Welt hineingetragen haben. Wir loben und preisen dich für deine Güte und Treue alle Tage unseres Lebens. Amen.

Einführung:

Heute dürfen wir das Erntedankfest feiern. Wir danken Gott für alles, was an Früchten auf den Feldern und in den Gärten gewachsen ist. Und wir danken ihm für alles Gute, was in unserem Leben gewachsen ist und was wir ernten durften.

→ Was sind Früchte, die Sie in Ihrem Leben ernten durften?

Wir freuen uns über alle Früchte, die gewachsen sind, und wir danken Gott dafür, weil wir uns bewusst sind, dass er das Seine dazu getan hat.

Psalm:

Du hast für das Land gesorgt, es getränkt,
es überschüttet mit Reichtum.
Der Bach Gottes ist voller Wasser,
gedeihen lässt du ihnen das Korn,
so lässt du das Land gedeihen.
Du hast seine Furchen getränkt, seine Schollen geebnet,
du machst es weich durch Regen, segnest seine Gewächse.
Du hast das Jahr mit deiner Güte gekrönt,
von Fett triefen deine Spuren.
Ps 65,10–12

Lied: Nun danket alle Gott, Str. 1–2 (GL 405 / EG 321)

Schriftwort und Ansprache:

Liebe Seniorinnen und Senioren,

viele der Gleichnisse, die Jesus erzählt, greifen Themen aus der Landwirtschaft auf. Da kannten sich seine Zuhörer aus. Sie kamen meist aus Dörfern oder Kleinstädten und hatten als Kleinbauern etwas Landwirtschaft zur Selbstversorgung. Jesus greift dabei ganz unterschiedliche Aspekte auf, um den Menschen die Sache mit Gott und seinem Reich zu erklären. Dabei geht es häufig um Wachstum, um Saat und Ernte. So auch in dem Gleichnis heute.

Er sagte: Mit dem Reich Gottes ist es so,
wie wenn ein Mann Samen auf seinen Acker sät;
dann schläft er und steht wieder auf,
es wird Nacht und wird Tag,
der Samen keimt und wächst und der Mann weiß nicht, wie.
Die Erde bringt von selbst ihre Frucht,
zuerst den Halm, dann die Ähre, dann das volle Korn in der Ähre.
Sobald aber die Frucht reif ist, legt er die Sichel an;
denn die Zeit der Ernte ist da.
Mk 4,26–29

Jesus setzt in diesem Gleichnis einen sehr überraschenden Akzent. Es geht ums Nichtstun. Der Bauer hat zunächst das Feld vorbereitet. Damit hatte er Arbeit. Er hat Steine und Unkraut entfernt, gepflügt, geeggt und schließlich gesät. Doch damit ist sein Teil nun getan. Zum Wachstum selbst kann der Bauer nichts beitragen. Ja, er weiß noch nicht einmal, wie das eigentlich funktioniert. Er kann nichts mehr tun. Er geht schlafen und steht wieder auf tagaus, tagein und die Saat wächst ohne sein Zutun.
Das ist doch eine wirklich gemütliche Sache, möchte man denken. Aber Nichtstun kann manchmal sehr schwer sein. Denn nichts tun *müssen* heißt eben oft auch nichts tun *können*. Ich denke, auch Sie haben in Ihrem Leben immer wieder die Erfah-

rung gemacht, dass man manchmal nichts tun kann, außer abwarten und die Dinge wachsen lassen. Auch wenn man noch so gerne nachhelfen würde, damit es schneller geht. Oder damit man sicher ist, dass es sich in die Richtung weiterentwickelt, die man selbst sich wünscht.

Jesus sagt, dass es Gott ist, der für das Wachstum sorgt. Nicht nur auf den Feldern, sondern auch bei seinem Reich und ich denke, auch in unserem Leben. Wir können in unserem Leben nur den Boden bereiten und die Samen aussäen. Danach dürfen wir uns vom Wachstum überraschen lassen.

Doch um die Dinge wachsen zu lassen, braucht man vor allem zweierlei: Geduld und Vertrauen.

Die Schale mit dem keimenden Getreide wird in die Mitte gestellt.

Wachsen braucht Zeit, manchmal viel Zeit. Bis diese Keimlinge erntereif sind, werden mehrere Monate vergehen. Und immer wieder fällt es uns schwer, den Dingen oder den Menschen diese Zeit zu lassen. Aber wie ein afrikanisches Sprichwort sagt: Das Gras wächst nicht schneller, wenn man daran zieht. Oft macht man eher etwas kaputt, wenn man aus Ungeduld das Wachstum beschleunigen möchte. Vor allem als junge Menschen waren wir oft ungeduldig und konnten es nicht erwarten. Ich denke, es ist ein Teil der Weisheit des Alters, zu wissen, dass manche Dinge Zeit brauchen, und ein Ergebnis der Lebenserfahrung, dass man sie ihnen geduldig gibt.

Doch dafür benötigt man auch Vertrauen. Vertrauen in andere, in das Leben und in Gott. Vertrauen, dass etwas sich gut entwickelt, auch wenn ich nicht ständig dahinterher bin. Vertrauen,

dass es wachsen und Frucht bringen wird, auch wenn ich nicht weiß, wie. Vertrauen, dass Gott sich um die Dinge kümmern wird, auf die ich keinen Einfluss habe.
Wir haben den Boden bereitet und ausgesät. Alles andere liegt in Gottes Hand. Und dorthin dürfen wir es im Gebet immer wieder voll Vertrauen legen.
Es entlastet uns ja auch, wenn wir nicht alles alleine machen müssen, sondern wissen dürfen, dass Gott das Seine dazutun wird. Er wird auch das vollenden, was wir nicht mehr zu Ende geschafft haben. Ihn dürfen wir immer wieder bitten, dass er die gute Saat, die wir im Glauben und in der Liebe ausgesät haben, aufgehen lässt. Dass er daraus gute Früchte wachsen lässt, uns zur Freude und ihm zur Ehre. So wie er es jedes Jahr auf den Feldern und in den Gärten tut. Amen.

Fürbitten:

Herr, unser Gott,
du Schöpfer und Geber aller guten Gaben: wir danken dir für die Früchte der Erde und für alles, was du uns in unserem Leben geschenkt hast, um es zu erhalten und reich zu machen.

- Wir bitten dich: Denke auch jetzt an uns. Versorge uns und unsere Familien täglich mit allem, was wir für unser Leben brauchen. Stärke das Gute, damit es wachsen kann.
- Wir bitten dich für alle Menschen, die hungern und nicht genug zum Leben haben.
- Wir bitten dich für die Menschen in den Kriegsgebieten dieser Erde, die täglich neu ums Überleben kämpfen müssen.
- Wir bitten dich für die Kranken und Sterbenden. Stärke sie aus deiner Fülle.

↗

- Wir bitten dich: Vollende du, was wir in unserem Leben begonnen haben. Segne unser Lebenswerk.

So wollen wir dir voll Dankbarkeit auch die Früchte unseres Lebens darbringen und dich für deine Güte loben und preisen. Amen.

Vaterunser

Lied: Großer Gott, wir loben dich, Str. 1–2 (GL 380 / EG 331)

Segen:

Gott, der Vater, der euch geschaffen hat,
schenke eurem Leben Wachstum und Gedeihen.

Christus, der Sohn, der sich für euch hingegeben hat,
schenke eurem Leben Früchte.

Der Heilige Geist, der in euch ist,
schenke eurem Leben Kraft.

So segne und behüte euch
der Vater und der Sohn und der Heilige Geist. Amen.

Herbstnebel

Erkennen wie in einem dunklen Spiegel – 1 Kor 13,9–13

Material:

- Bild mit einer Landschaft im Nebel
- ein weiteres mit einer sonnenbeschienenen Herbstlandschaft

Begrüßung und Votum

Lied: Aus meines Herzens Grunde, Str. 1–2 (GL 86 / EG 443)

Gebet:

Herr, unser Gott,
jetzt im Herbst gibt es immer weniger Licht, es wird kälter und manchmal ist es grau und neblig. Da kommen gerne mal trübe Gedanken und Traurigkeiten auf. Der Herbst erinnert uns auch immer wieder daran, dass unser Leben endlich ist. Da ist es gut, sich an deine Güte und Liebe erinnern zu lassen. Du bleibst bei uns, auch wenn die Tage dunkel und grau werden und unsere Kräfte nachlassen. In all unseren Sorgen, Fragen und Zweifeln lässt du uns nicht allein. Du bist immer nur ein Gebet weit entfernt. So freuen wir uns, dass wir heute wieder im Gottesdienst zusammenkommen können, um gemeinsam dich zu loben, zu dir zu beten und auf dein Wort zu hören. Stärke uns und mach uns aufs Neue deiner Nähe gewiss. Amen.

Psalm:

Wie der Hirsch lechzt nach frischem Wasser,
so lechzt meine Seele nach dir, Gott.
Meine Seele dürstet nach Gott, nach dem lebendigen Gott.
Wann darf ich kommen und erscheinen vor Gottes Angesicht?
Was bist du bedrückt, meine Seele, und was ächzt du in mir?
Harre auf Gott; denn ich werde ihm noch
danken für die Rettung in seinem Angesicht.
Ps 42,2–3+6

Einführung:

Das Nebelbild wird in die Mitte gelegt.

Herbstzeit ist Nebelzeit: feucht, kühl und grau. Gerade morgens gibt es oft Nebel, der sich jedoch meistens im Laufe des Tages auflöst. Manchmal hält sich der Nebel aber auch den ganzen Tag oder sogar mehrere Tage lang. Das kann mitunter geradezu bedrückend werden und uns auf die Stimmung schlagen.
Im Nebel kann man die Umgebung nur schemenhaft erkennen. Da wird die Orientierung schwer. Selbst bekannte Wege und Abzweigungen sind auf einmal schwer zu finden. Ich denke, jeder von Ihnen hat damit schon seine Erfahrungen gemacht.
→ Erinnern Sie sich an Erlebnisse, die Sie im dichten Nebel hatten?
Schön ist es dagegen, wenn der Nebel sich lichtet und die Welt um uns nach und nach aus dem Nebel auftaucht.

Das Bild des sonnigen Herbsttages wird neben das Nebelbild gelegt.

Besonders wenn ein sonniger Tag folgt. Vielleicht mit glitzerndem Raureif an jedem Zweig und jedem Grashalm. An solchen Tagen erinnere ich mich immer wieder an ein Gedicht von Eduard Mörike, das vielleicht auch Sie einmal in der Schule gelernt haben. Wenn es Ihnen bekannt vorkommt, können Sie gerne mitsprechen:

Septembermorgen

Im Nebel ruhet noch die Welt,
Noch träumen Wald und Wiesen:
Bald siehst du, wenn der Schleier fällt,
Den blauen Himmel unverstellt,
Herbstkräftig die gedämpfte Welt
In warmem Golde fließen.

Lied: Die güldne Sonne, Str. 1–2 (GL 704 / EG 449)

***Schriftwort und Ansprache*:**
Liebe Seniorinnen und Senioren,
Sie alle haben eine sehr lange Lebenszeit hinter sich; mehr als achtzig oder neunzig Jahre. Das ist wirklich beeindruckend. Und ich bin überzeugt: Sie alle haben in dieser langen Lebenszeit viel gelernt. Über sich selbst, über das Leben und die Menschen und auch über Gott. Wissen, das es wert ist, weitergegeben zu werden und mit dem Sie anderen nützen können, die bereit sind, Ihnen zuzuhören.
Und dennoch gibt es bestimmt auch für Sie immer noch viele ungelöste Fragen: Geheimnisse des Lebens, die Sie nicht ergründen

konnten, Dinge, die Sie immer noch nicht verstehen. Trotz allem Wissen und aller Erfahrung bleibt vieles in diesem Leben für uns unverständlich, geheimnisvoll und rätselhaft.
Ich denke, Paulus hat das genauso gesehen, wenn er an die Gemeinde in Korinth Folgendes schreibt:

Denn Stückwerk ist unser Erkennen,
Stückwerk unser prophetisches Reden;
wenn aber das Vollendete kommt, vergeht alles Stückwerk.
Als ich ein Kind war, redete ich wie ein Kind,
dachte wie ein Kind und urteilte wie ein Kind.
Als ich ein Mann wurde, legte ich ab, was Kind an mir war.
Jetzt schauen wir in einen Spiegel und sehen nur rätselhafte Umrisse,
dann aber schauen wir von Angesicht zu Angesicht.
Jetzt ist mein Erkennen Stückwerk,
dann aber werde ich durch und durch erkennen,
so wie ich auch durch und durch erkannt worden bin.
Für jetzt bleiben Glaube, Hoffnung, Liebe, diese drei;
doch am größten unter ihnen ist die Liebe.
1 Kor 13,9–13

Unser Wissen und Erkennen hier ist immer bruchstückhaft. Paulus vergleicht es mit dem Bild in einem Spiegel. Wobei man wissen muss, dass die Spiegel zur Zeit des Paulus meist aus polierter Bronze bestanden. Darin sah man tatsächlich nur ein dunkles, ungenaues Bild.
Ich denke, unser Erkennen ist durchaus auch vergleichbar mit einem Spaziergang im Herbstnebel. Auch im Nebel können wir

nur die nächste Umgebung einigermaßen gut sehen. Was etwas weiter weg ist, erkennen wir nur schemenhaft und vieles bleibt unseren Augen ganz verborgen. So ist es unser ganzes Leben hindurch. Manchmal ist der Nebel dichter. Dann haben wir das Gefühl, gar nichts zu verstehen und im Dunkeln zu tappen. Wir können uns nur unsicher und langsam vorwärtstasten. Manchmal ist der Nebel etwas weniger dick. Dann haben wir den Eindruck, unser Leben ganz gut im Griff zu haben. Wir haben etwas erkannt und gelernt und sehen klarer. Und in ganz besonderen Momenten können wir vielleicht sogar ein Stück blauen Himmels entdecken. Etwas erahnen von dem verborgenen Gott, der uns dennoch nahe ist.

Doch Paulus spricht auch von einer Zeit, in der dieses bruchstückhafte Erkennen abgelöst werden wird von dem Vollkommenen, von einer vollständigen Erkenntnis. Wir werden Gott von Angesicht zu Angesicht sehen. Alle Dunkelheit, alle Schatten und aller Nebel werden verfliegen. So wie auch in dem Herbstgedicht von Mörike der Moment kommt, in dem der Nebelschleier fällt und den unverstellten Blick auf den Himmel freigibt. Dann durchflutet das warme Sonnenlicht die ganze Welt. Für mich ist das auch ein schönes Bild für das, was Paulus uns verheißt. Der klare Blick auf den blauen Himmel ist dann der unverstellte Blick auf Gott. Und das goldene Sonnenlicht erinnert mich an Gottes Liebe, die die ganze Welt durchströmt, wärmt und erhellt.

Freilich, im Moment können wir das alles nur erahnen und erhoffen. Doch Paulus hat einen Trost für uns, die wir jetzt noch im Nebel unterwegs sind. Auch wenn wir nur bruchstückhaft erkennen, so kennt Gott uns jetzt schon vollständig, jeden Einzelnen von uns. Für ihn gibt es keinen Nebel. Seine Sicht ist stets klar. Deswegen dürfen wir uns schon jetzt von ihm gehalten und geborgen wissen. Er kann uns mit klarem Blick durch das Leben führen. Gerade in den Zeiten, in denen der Nebel bei uns besonders dick ist und wir uns ganz verloren fühlen.

Uns bleiben Glaube, Hoffnung und Liebe, schreibt Paulus. Glaube, dass Gott uns ganz kennt, dass er uns nahe ist und uns begleitet und führt. Hoffnung, dass der Nebel sich lichten wird, dass wir Gott sehen und ihn in seiner Größe, Heiligkeit und Liebe erkennen werden. Und schließlich die Liebe. Sie ist die Größte, denn sie kommt direkt von Gott. Die Liebe ist Gottes ureigenstes Wirken in der Welt. So verbindet sie uns schon hier ganz eng mit ihm und seinem ewigen Licht. Sie schenkt wahres Erkennen, denn sie sieht mit den Augen Gottes. Die Liebe hat sogar den Tod besiegt. Sie hat Jesus Christus auferweckt von den Toten und sie wird auch uns eines Tages mit ihm vereinen im Reich unseres himmlischen Vaters, wo wir ihn sehen werden von Angesicht zu Angesicht. Amen.

Fürbitten:

Herr, unser Gott,

viele Dinge in diesem Leben können wir nicht begreifen. Sie bleiben unverständlich und geheimnisvoll. Auch über dich wissen wir nicht viel. Manchmal sind wir ganz verunsichert und wir fühlen uns hilflos und verloren.

Wir bitten dich:

- Sei du unser Halt in allen Unsicherheiten und Zweifeln.
- Hilf uns, dir zu vertrauen, auch wenn wir vieles nicht verstehen.
- Führe und begleite uns durch die schwierigen Zeiten des Lebens.
- Wir bitten dich für alle Menschen, die gerade weder aus noch ein wissen.
- Wir bitten dich für alle, die unter Krieg, Hunger und Kälte leiden, für die Einsamen und Verzweifelten, für die, von denen wir wissen, dass sie gerade große Probleme haben.

Kurze Stille.

- Sei du bei unseren Familien und bei allen, die für uns sorgen.

Durch alle Ungewissheiten hindurch führe uns schließlich heim zu dir, wo wir dich schauen werden von Angesicht zu Angesicht und dich ohne Ende loben für deine große Liebe und Barmherzigkeit. Amen.

Vaterunser

Lied: Großer Gott, wir loben dich, Str. 1+10–11 (GL 380 / EG 331)

Segen:

Der Herr segne euch und behüte euch,
der Herr lasse sein Angesicht leuchten über euch
und sei euch gnädig,
der Herr wende euch sein Angesicht zu
und schenke euch seinen Frieden. Amen.